TERTULIANOS

ExLibric

ESTHER ROMERO Y JUANMA ROMERO

TERTULIANOS

EXLIBRIC

ANTEQUERA 2025

TERTULIANOS
© Esther Romero y Juanma Romero
Diseño de portada: Dpto. de Diseño Gráfico Exlibric

Iª edición

© ExLibric, 2025.

Editado por: ExLibric
c/ Cueva de Viera, 2, Local 3
Centro Negocios CADI
29200 Antequera (Málaga)
Teléfono: 952 70 60 04
Fax: 952 84 55 03
Correo electrónico: exlibric@exlibric.com
Internet: www.exlibric.com

ISBN: 979-13-87707-24-8
Depósito Legal: MA 476-2025

Impresión: PODiPrint
Impreso en Andalucía – España

Nota de la editorial: ExLibric pertenece a Innovación y Cualificación S. L.

ESTHER ROMERO Y JUANMA ROMERO

TERTULIANOS

Índice

Prólogo

Desde hace años, demasiados, nos encontramos, día y noche, estemos donde estemos, con un montón de tertulianos que gritan, insultan y se creen en posesión de la verdad absoluta.

Nos los encontramos, muy a nuestro pesar, y se nos cuelan en el televisor, la radio o donde haga falta. El caso es hablar y decir lo que piensan, si es que piensan, que ese es otro cantar. Porque repetir las verdades que te dicta tu partido político o quien sea no es pensar, es pesebrear (de pesebre, por si algún tertuliano no lo pilla).

Hace unos años hicimos una encuesta a algunos de estos seres hablantes que no sacamos en su momento. Ahora, con el paso del tiempo, hemos actualizado esos contenidos con otros nuevos y aquí tenemos el resultado.

Desgraciadamente, los tertulianos, en muchos casos, son personas que defienden una idea política, religiosa, social o lo que sea y que consideran seres inferiores, sin preparación ni moral, a quienes no piensan como ellos.

Aprovechando la tecnología, le hemos pedido ayuda a la mal llamada inteligencia artificial para complementar algunas partes de este trabajo. ¿Adivinas cuáles son?

Por cierto, antes de que se nos olvide reconocerlo, queremos decir que no todos los tertulianos hacen de tertulianos, algunos son profesionales que merecen ser escuchados. La cuestión está en saber el porcentaje de estos últimos.

Empezamos.

PARTE I

1

Los tres rostros de la tertulia: diferencias en radio, televisión y eventos presenciales

Los tertulianos, figuras omnipresentes en radio, televisión y eventos en vivo, a menudo exhiben comportamientos y dinámicas que merecen una crítica severa, o nuestro más absoluto desprecio. En otras ocasiones ocurre todo lo contrario y lo que conquistan es nuestro respeto, aunque son los menos.

En la radio, aunque se prioriza la profundidad del contenido, los debates pueden volverse monótonos y elitistas, alejando a una audiencia más amplia y diversificada. La falta de presión visual facilita un enfoque técnico excesivo, lo que puede terminar en discusiones inaccesibles y aburridas para el oyente medio.

En la televisión, la obsesión por la imagen y la popularidad suele provocar que el ego de los tertulianos se infle igual que un globo, pero en ocasiones ese globo les puede explotar en la cara. Solo tenemos que presenciar algunas de las tertulias que cada día inundan nuestras televisiones para comprobar que un tertuliano lo que suele priorizar es su autopromoción, dejando muchas veces de lado el análisis de calidad del tema del que se está debatiendo. Su autopromoción y el desprecio manifiesto hacia quien no piensa como él.

La necesidad de ser visualmente atractivos y concisos, y a la vez llamar la atención muy por encima de los otros, lleva a intervenciones superficiales y sensacionalistas, donde la controversia y el impacto inmediato se valoran más que la reflexión seria. Los tertulianos de televisión a menudo recurren a tácticas de choque y espectáculo, sacrificando el contenido y la integridad en favor de las audiencias.

Los eventos en vivo, por su parte, es habitual que fomenten un ambiente de teatralidad y exhibicionismo, porque la interacción directa con el público suele provocar que el ego de los participantes aumente hasta dimensiones inimaginables. La preparación flexible y la necesidad de improvisar pueden provocar presentaciones inconsistentes y desorganizadas, donde el supuesto carisma y la capacidad de captar la atención a menudo superan la sustancia del contenido que se quiere transmitir. Los tertulianos en estos eventos pueden caer en la tentación de adoptar posturas extremas y demagógicas para agradar a la audiencia en el momento, a menudo a costa de la verdad y el análisis riguroso.

En todos estos contextos, la búsqueda de atención y reconocimiento lleva a los tertulianos a menudo a adoptar posturas polarizadoras y controvertidas, sacrificando la calidad del debate y la responsabilidad intelectual. En lugar de fomentar una discusión constructiva y bien informada, estos tertulianos contribuyen a la superficialidad y la polarización, reflejando y amplificando los peores aspectos de un discurso que debería ser sosegado y meditado.

En la **radio**, nuestros protagonistas no son visibles al público, lo que no es malo, porque reduce la presión de la imagen pública y el ego asociado a todo ello. La gran ventaja es que permite que el tertuliano se enfoque más en el contenido que en su propia persona, aunque no siempre es así, porque el que tiene el ego subido lo tiene en cualquier circunstancia, incluso cuando habla frente al espejo en el baño de su casa y solo se está viendo y escuchando a sí mismo. El ego es el ego y, si no lo controlas, él te controlará a ti.

La radio hace que la atención y el esfuerzo del tertuliano se centren más en el contenido de las opiniones que en otros factores externos que no son percibidos por el público. Basta recordar que en la radio la comunicación no verbal pasa a un segundo plano, porque lo importante es la comunicación verbal y la paraverbal. Esto beneficia al oyente porque el discurso se centra menos en el exhibicionismo y mucho más en el contenido de las opiniones. Así, el tertuliano es más valorado por su capacidad de argumentación y conocimiento.

A esto le añadimos la ausencia de una imagen pública en comparación con la televisión o con un evento presencial con público en directo, lo que permite que la atención se centre en el contenido de las opiniones. Eso implica que los tertulianos logran ser más valorados por su capacidad de argumentación y conocimiento, algo que les suele traer sin cuidado porque la mayoría de ellos lo único que quieren es salir en televisión y que se les vea, cuanto más mejor.

La radio logra una conexión íntima con los oyentes, lo que puede fomentar un enfoque más genuino, enfocando los contenidos en la calidad del mensaje y la autenticidad del discurso. A estos profesionales se les reconocen y aprecian sus argumentaciones y cómo las expresan, porque este medio se convierte en un espacio donde se valora más la sinceridad y la conexión humana que la autopromoción.

Sin embargo, hay excepciones, cada vez más, y esa comunicación verbal, no verbal y paraverbal está experimentando grandes cambios en la radio. Paciencia, lo veremos más adelante.

La **televisión,** por el contrario, es mucho ego y poco discurso sensato y pensado. Se trata de hacer espectáculo estando sometidos a una tremenda, y en ocasiones asfixiante, exposición pública, lo que agranda hasta dimensiones inimaginables el ego de los tertulianos. Esa imagen visual se convierte en parte integral de su identidad pública.

Así, nos encontramos con ese papel esencial que juegan tanto la imagen física como la actuación y sobreactuación en muchas ocasiones, que eclipsa la profundidad del contenido que se quiere transmitir. Nos hemos encontrado con muchos tertulianos, muchos por no decir casi todos, que lo único que buscan es la autopromoción, con unos comportamientos que lo que pretenden es causar una buena impresión visual.

Aquí estamos hablando de la competencia entre las diferentes cadenas, porque un tertuliano que no funcione en términos de audiencia tiene los días contados. Así que o adoptan posturas extremas con grandes controversias para captar la atención y el interés del público o que se vayan despidiendo de volver a ese programa de televisión. Esto implica un aumento del ego que se alimenta a sí mismo en cada intervención. Se consideran dioses de la comunicación, pero, para desgracia suya, no lo son.

Y otro aspecto importante a tener en cuenta de los tertulianos de la televisión es que esta les ofrece una retroalimentación casi inmediata a través de las redes sociales. Este *feedback*, como les gusta denominarlo a muchos, también ayuda a alimentar su ego.

En los **eventos en vivo**, la interacción cara a cara con el público también ayuda a incrementar su ego, ya que la reacción del público es inmediata y se ve sobre la marcha. Añádele, además, que el tertuliano puede y suele sentir una presión mucho mayor que cuando está en una televisión o una radio, precisamente por esa necesidad de impresionar a la audiencia con la que está compartiendo espacio en ese momento, en vivo y en directo.

Esa necesidad de conexión emocional con la audiencia pretende lograr el reconocimiento y la adulación del público, con lo que volvemos a encontrarnos con el ego, porque lo refuerza, tanto si los tertulianos de ese evento son figuras públicas como si son personas menos conocidas a nivel general. Lo cierto es que la respuesta del público en tiempo real, con ovación incluida, puede alimentar nuestra autopercepción positiva.

Todo ello sin olvidar que estar en un escenario puede provocar que los participantes actúen de una manera más teatral, buscando destacar del resto y crear y dejar una buena impresión duradera, que se mantenga en el tiempo mucho más del propio evento.

Claro que lo de buena depende de a quién le preguntemos, porque esa teatralidad que al tertuliano le puede parecer excelente, el público la puede considerar nefasta. Esa sobreactuación, si no somos expertos y sabemos hacerlo adecuadamente, suele transmitir una imagen de falsedad, prepotencia, egolatría y de baja credibilidad.

Por otra parte, participar en eventos en vivo, en un escenario como si fuésemos una estrella del *rock*, también aumentará nuestro ego porque todo ello se asocia con el éxito personal y el triunfo profesional, además de la influencia en el ámbito público.

Con todo esto nos encontramos que en la **radio** la preparación de los tertulianos puede, y suele ser, más exhaustiva en términos de datos y conocimiento. Aquí la audiencia se beneficia de la calidad de la discusión, y los tertulianos habitualmente muestran una mayor calidad a la hora de comentar los temas tratados. Si le añadimos que la radio permite un formato más relajado, nos encontramos con que favorece los debates más profundos y menos influidos por la rígida estructura de la televisión.

Además, hay menos distracciones visuales, porque la ausencia de cámaras permite que los participantes se centren más en los contenidos y la calidad de sus argumentos. Aunque esto está cambiando muy rápidamente y lo analizaremos detalladamente más adelante.

En la **televisión**, sin embargo, además del propio contenido, los participantes tienen que prepararse para hacer frente a la comunicación no verbal, lo que incluye la ropa que llevan puesta, que en muchas ocasiones deja mucho que desear.

Los tiempos en televisión suelen ser más limitados que en otros formatos, y esto restringe considerablemente la capacidad de profundizar en temas complejos. En estos casos, las intervenciones no pretenden ser profundas sino impactantes. A muchos de ellos se les pide una gran capacidad de síntesis y claridad a la hora de comunicar sus puntos de vista de manera efectiva en muy poco tiempo, pero una cosa es que se les pida y otra que sean capaces de lograrlo.

En los **eventos** con público, el participante debe ser capaz de adaptarse a lo inesperado y afrontar cualquier tipo de pregunta y comentario en tiempo real. Su reacción a esa interacción con el público se comprueba en ese mismo momento y una mala respuesta puede arruinar toda una buena intervención anterior.

Se precisa una gran capacidad de adaptarse a preguntas y comentarios en tiempo real, lo que requiere un conocimiento amplio de los temas que se están tratando y habilidades de improvisación. Los tertulianos deben estar listos para interactuar con el público y otros participantes en ese evento.

La preparación para estas jornadas, que no decimos que se haga, pero sí que debería hacerse, necesariamente tiene que incluir la capacidad de dominar el escenario, proyectar la voz y gestionar adecuadamente la presencia escénica para mantener la atención y el interés del público en todo momento. Esto significa la necesidad de combinar adecuadamente las tres formas de comunicación: verbal, no verbal y paraverbal.

En la radio, la comunicación se basa principalmente en lo verbal y lo paraverbal, ya que no se puede observar al interlocutor. Sin embargo, cuando una entrevista o tertulia se retransmite por redes sociales, el componente no verbal también entra en juego, porque los oyentes ahora pueden ver a los participantes. A continuación, explicamos cómo varían estas tres formas de comunicación dependiendo de si hay retransmisión por redes sociales o no:

1. Comunicación verbal (las palabras que se usan)

- **Radio tradicional (sin redes sociales):** todo el contenido depende de lo que se dice. Las palabras deben ser claras, bien seleccionadas y efectivas, ya que el público solo cuenta con el audio. Es importante la precisión del lenguaje para generar la imagen mental adecuada.

- **Radio retransmitida en redes sociales:** aunque las palabras siguen siendo clave, hay un apoyo visual que refuerza el mensaje. Se puede complementar la información verbal con gestos o apoyo visual, pero la claridad y el contenido siguen siendo primordiales.

2. Comunicación no verbal (gestos, posturas, expresiones faciales)

- **Radio tradicional (sin redes sociales):** este aspecto está prácticamente ausente porque la audiencia no puede ver a los interlocutores. Cualquier gesto o expresión facial queda invisible para los oyentes, aunque no para el resto de los participantes presentes en el mismo lugar.
- **Radio retransmitida en redes sociales:** aquí la comunicación no verbal cobra importancia. Las expresiones faciales, la postura y los gestos de los entrevistados o tertulianos pueden influir en cómo se percibe el mensaje. Una sonrisa o un gesto negativo pueden enfatizar o suavizar el tono del mensaje.

3. Comunicación paraverbal (tono, ritmo, volumen, pausas)

- **Radio tradicional (sin redes sociales):** el tono de voz, el ritmo y las pausas son esenciales para transmitir emociones, enfatizar puntos clave o crear dinamismo. El oyente se apoya únicamente en estas señales para interpretar el estado emocional o la intención del locutor.

- **Radio retransmitida en redes sociales:** aunque las señales paraverbales siguen siendo importantes, el componente visual ayuda a complementar la interpretación. Un tono serio, por ejemplo, puede ser contrastado con una expresión relajada que matiza el mensaje.

Cuando una entrevista o tertulia en la radio se retransmite en redes sociales, la comunicación no verbal se suma a la verbal y paraverbal, haciendo que los gestos y las expresiones tengan mayor relevancia. En cambio, en la radio tradicional sin imagen, la atención debe centrarse en el contenido verbal y la forma en que se dice (comunicación paraverbal).

Visto lo visto, creemos que podemos concluir que en la radio el impacto del ego suele ser menor, con debates más profundos y mejor argumentados y menos distracciones relacionadas con la apariencia.

En televisión vemos la mezcla entre el contenido y la apariencia, que se gestionan con un mayor énfasis, sobre todo lo segundo. A mayor imagen, mayor percepción del ego. Se trata de lograr un equilibrio entre ofrecer información de calidad y ser visualmente atractivos.

En los eventos, esa interacción con el público requiere mayor flexibilidad y capacidad de adaptación. Buscando el equilibrio adecuado entre el ego y el contenido según la dinámica que se haya previsto por parte de los organizadores. Pero en este caso, el tertuliano siempre tiene que estar preparado para la improvisación y la interacción directa con el fin de aprovechar adecuadamente la energía que se produce en un evento en vivo, y que no ocurre ni en la radio ni en la televisión.

Resumen en diez puntos de los tres rostros de la tertulia:

Ego y autopromoción: los tertulianos a menudo priorizan su imagen personal y la autopromoción, especialmente en televisión, donde la exposición pública eleva su ego y puede afectar la calidad del debate.

Calidad del contenido: en radio, el foco tiende a estar más en el contenido y la argumentación, debido a la ausencia de distracciones visuales, lo que permite debates más profundos y bien fundamentados.

Intervenciones superficiales: en televisión, la necesidad de ser visualmente atractivos y concisos a menudo resulta en intervenciones superficiales y sensacionalistas, priorizando el impacto inmediato sobre el análisis serio.

Teatralidad en eventos: los eventos en vivo fomentan un ambiente de teatralidad, donde los tertulianos buscan impresionar al público, lo que puede llevar a actuaciones exageradas y a una menor atención al contenido.

Dinamismo y adaptabilidad: en eventos en vivo, los tertulianos deben ser flexibles y capaces de improvisar, interactuando con la audiencia en tiempo real, lo que requiere una buena preparación y habilidades de improvisación.

Polarización y controversia: la búsqueda de atención a menudo lleva a los tertulianos a adoptar posturas polarizadoras y controvertidas, contribuyendo a la superficialidad y a la falta de un debate constructivo.

Interacción y conexión: la radio fomenta una conexión más íntima con los oyentes, lo que puede resultar en un enfoque más genuino y auténtico en la comunicación, valorando más la sinceridad que la imagen.

Limitaciones de tiempo: en televisión, los tiempos limitados restringen la capacidad de profundizar en temas complejos, llevando a intervenciones que buscan ser impactantes en lugar de informativas.

Reacción inmediata: la retroalimentación instantánea en televisión y eventos en vivo puede alimentar el ego de los tertulianos, pero también implica una presión significativa para mantener la atención y agradar a la audiencia.

Equilibrio entre contenido y apariencia: en televisión, hay un constante desafío de equilibrar la calidad del contenido con la necesidad de ser visualmente atractivos, mientras que en radio se favorece más la argumentación y el conocimiento.

2

Recomendaciones para que una tertulia no se convierta en un gallinero

El primer mandamiento no consiste en contar con tertulianos expertos en temas y con facilidad para explicar las cosas, sino en gente que, en vez de analizar y razonar, solo opine. Que incluya sus opiniones en todo momento, sin necesidad de razonarlas. Que, cuando las opiniones de los otros no coincidan con las suyas, les interrumpan, a ser posible a gritos.

Tampoco está mal poner un montón de tertulianos en cada tertulia, cuantos más, mejor. Así conseguiremos que la audiencia no se entere de quién está hablando, ni qué está diciendo, ni si la opinión que acaba de expresar coincide con la que ese mismo tertuliano expresó diez minutos antes o es totalmente contraria.

Está bien que se traten temas de actualidad, porque de eso todo el mundo puede opinar. Pero es mejor que no lean los periódicos, así no contaminarán su valiosa opinión con informaciones de medios de comunicación que nunca dicen la verdad.

Es bueno incluir opiniones de expertos en entrevistas cortas, así una vez que haya terminado la entrevista, y sin que el experto pueda defenderse, los tertulianos podrán atacarle sin piedad. Por supuesto, eso no puede hacerlo el tertuliano mientras el experto está en antena, porque quedaría clara la insuficiencia mental del tertuliano de turno. Una vez que el experto ya no está presente, se abre la veda.

Uno de los factores importantes de la tertulia es evitar que sea aburrida, eso no se consigue partiéndole la cara al contrario, aunque no hay que descartarlo. Se logra interrumpiendo e insultando a los otros. Y si el conductor es avispado, en vez de calmar los ánimos, los incendiará aún más, porque es la mejor forma de conseguir audiencia.

Algunos son tan insensatos que, cuando no saben de algo, lo dicen y dejan el turno a otro. Estos no nos interesan en las televisiones porque no dan espectáculo. Hay que hablar y dar la opinión, sea la que sea, para que los otros puedan respondernos, increparnos y dejar claro que somos unos indocumentados.

Esos a los que no les gusta pelearse y que prefieren una charla tranquila con el resto del grupo no son buenos para el negocio. Mejor que hagan un blog y ahí escriban tranquilos, y así no nos fastidian el negocio a los que vivimos de las tertulias.

Todos tenemos claro que las tertulias funcionan con cuotas políticas y amiguismo. No se contrata a los mejores, sino a los más amigos y a los que más caña dan a los otros y más ruido hacen. Y, aunque las tertulias son un género degradado y lleno de trampas, lo cierto es que cada día hay más. Crecen como las setas, a pesar de que la mayoría son un gran fraude a los ciudadanos.

Estos ciudadanos están encantados de que los medios y partidos utilicen las tertulias para propaganda y para defender posiciones que concuerdan con su forma de pensar, pero no comprenden cómo las televisiones y las radios pueden llevar para hablar y opinar a personas que no piensan como ellos.

Muchas veces nos encontramos con tertulianos que hacen la ronda y que pasan por cuatro o cinco televisiones cada día. Quizá no estaría de más que los medios apliquen criterios más profesionales, como intentar cierta exclusividad y evitar que el tertuliano se juegue la vida yendo a toda prisa de una televisión a otra.

O puede que lo ideal fuese que las tertulias contasen con especialistas que complementen los temas informativos, en vez de contar con gente que sabe de todo y no tiene la menor idea de nada. Hablan mucho, pero no profundizan porque son incapaces de hacerlo.

Resumen en diez puntos para que la tertulia no se convierta en un gallinero:

Opiniones sin razonamiento: priorizar tertulianos que emitan opiniones sin análisis ni razonamiento, interrumpiendo a otros con gritos cuando no coincidan con sus ideas.

Abundancia de tertulianos: incluir un gran número de tertulianos para que la audiencia no pueda seguir a quién habla ni qué se dice, generando confusión.

Temas de actualidad sin fuentes: tratar temas de actualidad sin que los tertulianos lean medios de comunicación, evitando que su opinión se contamine con hechos reales.

Ataques a expertos: realizar entrevistas cortas con expertos para atacarlos sin que puedan defenderse, lo que evidenciaría la falta de conocimiento de los tertulianos.

Interrupciones y conflictos: fomentar el entretenimiento a través de interrupciones e insultos, y animar al conductor a incrementar la tensión en lugar de calmarla.

Hablar sin conocimiento: promover que los tertulianos hablen incluso cuando no saben del tema, para generar controversia y espectáculo.

Desalentar conversaciones tranquilas: descartar a aquellos que prefieren diálogos tranquilos, sugiriendo que se dediquen a escribir blogs en lugar de participar en tertulias.

Amiguismo y cuotas políticas: reconocer que la selección de tertulianos se basa en relaciones personales y en la capacidad de generar ruido en lugar de en la calidad del análisis.

Uso de tertulias como propaganda: aceptar que los medios utilizan las tertulias para difundir propaganda y reforzar posturas ideológicas, ignorando la diversidad de opiniones.

Necesidad de especialización: abogar por una mayor especialización en las tertulias, sugiriendo que sería mejor contar con expertos en lugar de personas que hablen de todo sin profundidad.

3

Tertulianos, víboras del micrófono, expertos en lucrarse con la controversia

La mayoría de los tertulianos lleva muchos años dedicándose a este negocio. Es una buena fuente de ingresos que también ayuda en el desarrollo profesional de sus diferentes campos. Algunos son tertulianos desde hace más de treinta años y no saben hacer otra cosa.

Desde que Luis del Olmo pusiera en marcha las tertulias, este modelo de comunicación y análisis, hemos visto de todo. Los hay que igual arreglan un roto que un descosido, y los vemos en televisión, en la radio o donde haga falta. Tampoco les importa el tipo de tertulia y acuden tanto a las políticas como a las de la farándula.

Esto no es una crítica, cada uno se gana el pan como puede, pero resulta difícil creer lo que dice una persona a la que estás viendo en una tertulia política y, en dos horas, te lo encuentras en otra televisión metiendo el dedo en la llaga de la vida amorosa de dos famosos.

Algunos son tertulianos esporádicos y otros lo hacen de forma estable. Si a esto le añadimos la duración de su participación en las tertulias y la variedad de los diferentes medios en los que colaboran, habitual o esporádicamente, encontramos algunas pistas sobre su situación profesional.

Quienes llevan mucho tiempo participando en tertulias lo hacen porque no tienen otra forma de vida y, quizá también, porque les resulta rentable para sus profesiones. Esa presencia prolongada nos sugiere que estamos ante profesionales que tienen esta actividad como una importante fuente de ingresos, aunque también puede ser parte de una carrera profesional diversificada en diferentes medios.

Mucho tiempo en las tertulias ofrece sus ventajas al tertuliano. Además del dinero, una de las principales es la construcción de una sólida red de contactos y relaciones profesionales. Es como la pescadilla que se muerde la cola, porque, a más contactos, mayores oportunidades profesionales y, por tanto, económicas.

Esa presencia prolongada en los medios lleva a que el tertuliano tenga cierto, o mucho, reconocimiento profesional, lo que se traduce en más invitaciones a otras tertulias, también a conferencias y otro tipo de colaboraciones.

Eso de moverse en muchos medios a la vez es una ventaja para el tertuliano, que, si no es tonto, aprenderá y sabrá cómo adaptarse para moverse en todo tipo de medios. Tendrá una adaptabilidad y una versatilidad muy altas, lo que es valorado por las empresas que contratan a estos profesionales.

Y precisamente a la posibilidad de participar en tertulias, conferencias y otras colaboraciones hay que referirse al hablar de esos tertulianos que colaboran en diferentes medios, tienen diversos roles y múltiples fuentes de ingresos.

En cuanto a la dependencia económica de las tertulias, puede ser muy alta o baja y sin repercusión para el tertuliano. La alta dependencia influye en la forma de trabajar de los tertulianos porque tienen claro que, si no hay tertulia, no facturan a fin de mes. Todo lo contrario de lo que ocurre con los que tienen baja dependencia, que no necesitan ese dinero para pagar sus facturas.

Sin embargo, tanto en unos casos como en otros, tenemos que valorar otro factor adicional: **el ego**. Porque el ego de los tertulianos suele ser muy grande, inmenso, casi insoportable para los otros que comparten mesa con ellos. Y como muchos son así, con ese inmenso ego, la controversia está servida, que es lo que quieren las televisiones.

La duración de la experiencia como tertulianos es un indicador de la estabilidad y la importancia de estas actividades en la carrera de los participantes. Quienes llevan muchos años han dejado clara su dedicación, logrando estabilidad y reconocimiento, porque una trayectoria larga en tertulias suele corresponder a un mayor reconocimiento profesional y estabilidad en el sector. Quienes disponen de estas características es normal que se conviertan en figuras conocidas y, a veces, aunque no siempre, respetadas. En cualquier caso, sean respetadas o no, lo que sí es cierto es que suelen tener una considerable influencia en los debates públicos.

Resumen en diez puntos de las víboras del micrófono:

Trayectoria profesional: muchos tertulianos llevan décadas en este negocio, y su experiencia les proporciona una buena fuente de ingresos y desarrollo profesional.

Versatilidad de temas: los tertulianos se presentan en diversos formatos, desde tertulias políticas hasta programas de farándula, lo que genera desconfianza sobre su credibilidad.

Fuentes de ingresos: la participación en tertulias puede ser su única forma de vida o parte de una carrera diversificada en medios de comunicación.

Red de contactos: la larga trayectoria en tertulias permite a los tertulianos construir una sólida red de contactos, lo que se traduce en más oportunidades profesionales.

Reconocimiento profesional: la presencia prolongada en los medios les otorga un cierto reconocimiento, aumentando las invitaciones a participar en otros programas y conferencias.

Adaptabilidad y versatilidad: aquellos que participan en varios medios desarrollan habilidades de adaptación y versatilidad, muy valoradas por las empresas.

Dependencia económica: la dependencia económica de las tertulias varía; algunos dependen completamente de ellas, mientras que otros tienen ingresos diversificados y no las necesitan.

Ego inflado: muchos tertulianos tienen un ego grande, lo que contribuye a la controversia y el espectáculo que buscan las cadenas de televisión.

Estabilidad y reconocimiento: la duración en el mundo de las tertulias está asociada con la estabilidad y el reconocimiento profesional, haciendo de algunos tertulianos figuras conocidas.

Influencia en el debate público: aunque su respeto puede variar, la mayoría de estos tertulianos tienen una considerable influencia en los debates públicos debido a su trayectoria y presencia mediática.

4

De pasatiempo a profesión, el impacto de convertir las tertulias en tu actividad principal

Convertir la tertulia en tu principal modo de vida o como elemento secundario de tu profesión tiene diferentes repercusiones. Ya lo hemos visto de pasada, pero ahora vamos a entrar más en el tema.

Cierto es que las tertulias son una excelente manera para que los tertulianos adquieran nuevos conocimientos. Tan cierto como que no todos están abiertos a aprender, y se centran en vomitar lo que quieren decir o lo que les han dicho que digan en el partido político de turno. Pero si somos capaces de practicar la humildad, lograremos salir enriquecidos de estos debates, generalmente televisivos.

Por otra parte, no debemos olvidar que las tertulias pueden consumir una buena cantidad de nuestro tiempo, por lo que deberemos tener claro si queremos convertirlas en nuestra principal actividad o en algo secundario y complementario de nuestra carrera profesional.

Incluso, en ocasiones, las tertulias pueden no generar ingresos. A veces, en algunas televisiones, generalmente locales, te dicen que ir a la tertulia te va a dar visibilidad y que con eso es más que suficiente, que tienes que estar agradecido a esa emisora por pensar en ti. Vamos, que tienen un morro que se lo pisan. También es cierto que muchos de estos medios carecen de capacidad económica para pagar a los tertulianos, porque no es lo mismo una pequeña emisora local que una gran cadena regional o nacional.

Dependiendo de que sea nuestra principal actividad o no, tenemos que considerar algunos factores como los posibles conflictos que aparecen en esos debates y que muchas veces no los resolvemos adecuadamente. Adecuadamente significa de forma rentable para nosotros, y esa rentabilidad la tenemos que mirar en base a la economía y a nuestra marca personal.

Además, si las tertulias no están alineadas con nuestros intereses, pueden ser contraproducentes y perjudiciales para nosotros. Igual que si asistimos a muchas y nos encontramos con encerronas de los otros participantes que quieren dejarnos en mal lugar. Todo eso hay que tenerlo en cuenta y saber cómo manejarlo.

Algunos tertulianos, muy inteligentemente desde nuestro punto de vista, tienen muy claro que aparecer en las tertulias no es su principal actividad profesional, ni siquiera la secundaria. Es más, no lo consideran ni siquiera una actividad profesional. ¡Bien hecho, valiente! Estos son la excepción que confirma la regla.

Otros lo consideran una actividad secundaria, que les ayuda a complementar su sueldo, pero nada más. Esos sí que saben, porque no tienen todos los huevos en la misma cesta. Aunque tampoco tienen todos los huevos en la misma cesta quienes se hacen de cinco a seis tertulias cada día; si les despiden de una o dos, les siguen quedando otras pocas. Y si unas se pierden, ya saldrán otras.

Algunos lo consideran su actividad principal en la medida en que con las tertulias tienen que ganar menos dinero con otras actividades para llegar a fin de mes. Tienen claro que con las tertulias ya consiguen medio sueldo o el sueldo entero, dependiendo de cada caso.

En buena cantidad de ocasiones, esta actividad es vista por sus protagonistas como una actividad secundaria, que complementa tanto sus ingresos como su actividad profesional. Tienen en cuenta, sobre todo, que les ofrecen bastantes beneficios personales y profesionales.

Lo cierto es que si el profesional es una persona seria, cuando la tertulia es su actividad principal puede dedicarle más tiempo y recursos para preparar y desarrollar los temas que se van a tratar.

En ocasiones, se lo toman tan en serio que se forman en temas de comunicación y debate, para desarrollar sus habilidades a la hora de exponer sus opiniones y análisis. Pero estos son los menos, desgraciadamente. Vemos que muchos van a las tertulias sin haberse preparado antes los temas a tratar ni saber cómo manejarse adecuadamente en cada medio.

Pero tampoco olvidemos que depender exclusivamente de las tertulias puede ser un riesgo económico si no logramos monetizarlas adecuadamente o disminuye el interés del público por nuestros comentarios.

Además, enfocarnos de manera exclusiva, o casi exclusiva, en las tertulias puede llevar a limitar nuestras posibilidades profesionales en otros aspectos que pudieran ser de nuestro interés.

Cuando la tertulia no es nuestra fuente principal de ingresos, la presión por la necesidad de ganar dinero y participar en muchas de ellas disminuye drásticamente. Ese estrés que nos obliga a mantener el interés del público en nosotros prácticamente desaparece, lo que es positivo para nuestra salud mental, que todo hay que tenerlo en cuenta.

También es cierto que, si es una actividad secundaria y nuestro principal trabajo nos lleva mucho tiempo, será difícil encontrar el tiempo necesario para preparar adecuadamente esas tertulias y nuestros comentarios serán mucho menos consistentes de lo que podrían ser.

Estamos hablando de cuestiones económicas y de desarrollo profesional, porque otro tema muy diferente y que influye sobremanera en nuestra forma de plantearnos todo esto es el ego. Vuelta con el ego. Ese ego nos hace intentar estar en cuantos más sitios mejor para que nos vean en la tele. Pero ese es otro cantar.

Las ventajas e inconvenientes de convertir las tertulias en una actividad principal o secundaria tienen que ser decididos por el sujeto en cuestión. Todo tiene sus ventajas y sus inconvenientes, y hay que poner en una balanza unas y otras para decidir qué hacer. Esa decisión depende tanto de factores personales como profesionales, ya sea la estabilidad económica, la pasión por esa actividad y las oportunidades profesionales disponibles. A veces no valemos para otra cosa que para ser tertulianos, porque profesionalmente somos como un cero a la izquierda, unos negados. Hay de todo, como en botica.

Resumen en diez puntos de pasatiempo a profesión:

Adquisición de conocimientos: las tertulias ofrecen la oportunidad de aprender, aunque no todos los tertulianos están dispuestos a hacerlo y prefieren expresar opiniones preconcebidas.

Consumo de tiempo: participar en tertulias puede consumir mucho tiempo, por lo que es importante decidir si se quiere convertir esta actividad en la principal o mantenerla como secundaria.

Falta de ingresos: algunas tertulias, especialmente en medios locales, pueden no generar ingresos, y algunos tertulianos pueden verse obligados a estar agradecidos por la visibilidad sin compensación económica.

Conflictos y rentabilidad: los debates pueden generar conflictos que deben manejarse adecuadamente para ser rentables en términos económicos y de marca personal.

Intereses personales: si las tertulias no se alinean con los intereses del tertuliano, pueden ser perjudiciales y dar lugar a situaciones incómodas.

Diferentes enfoques: algunos tertulianos ven su participación como actividad secundaria, mientras que otros la consideran principal, dependiendo de sus necesidades económicas.

Preparación y compromiso: aquellos que toman las tertulias en serio pueden dedicar más tiempo a prepararse, aunque muchos participan sin preparación previa.

Riesgo económico: dependiendo exclusivamente de las tertulias puede ser riesgoso si no se monetizan adecuadamente o si el interés del público disminuye.

Menos presión: si las tertulias no son la principal fuente de ingresos, la presión por mantener el interés del público y generar ingresos disminuye.

Evaluación de ventajas y desventajas: la decisión de convertir las tertulias en una actividad principal o secundaria debe basarse en una evaluación de ventajas y desventajas, considerando factores personales y profesionales.

5

Tipo de tertulias en las que participas

Las tertulias, independientemente de que sean en televisión o en la radio, juegan un papel esencial en la formación de la opinión pública. Un sentir colectivo que es manipulado descaradamente por dos razones, aunque haya más, pero con estas dos nos basta.

La primera forma de manipular se produce porque quienes están presenciando esa tertulia se quieren dejar manipular. Aunque des datos de irregularidades del gobierno de turno, no se lo quieren creer. En el lado contrario, cuando no se trata del gobierno de turno sino de la oposición, no nos engañemos, ocurre exactamente lo mismo. Eso de «los míos son los buenos» funciona a la perfección en estos casos.

No importa de qué partido o líder se trate, si es del suyo querrán ser manipulados o engañados. Los suyos son los buenos, siempre lo han sido y siempre lo serán. No son corruptos, como mucho han tomado atajos para beneficiar a la ciudadanía.

La segunda forma de crear opinión pública manipulando es dando a entender que se sabe mucho de algo. Los telespectadores suelen pensar que, al saber tanto de este tema, el tertuliano tiene que llevar toda la razón, o al menos parte de ella. Y se fían, casi a ciegas, de ese creador de opinión.

Sencillo, ¿verdad? Unos son manipulados porque quieren serlo y otros por desconocimiento. Una falta de cultura y conocimiento que es potenciada por los políticos, sean del lado que sean. Quieren votantes que les sigan la corriente, sumisos, y que se crean todas las patrañas que les digan. Ahí los tertulianos manipuladores juegan un papel importante, porque no se preocupan de expresar su idea y argumentarla, sino de convencer por las buenas o por las malas al resto.

Las tertulias tienen formatos diversos según sean por la mañana, tarde o noche. Y su temática también varía mucho, porque pueden ser políticas, económicas, culturales, generalistas o vete tú a saber qué tipo de tertulia. Seguro que tú puedes inventar un par de ellas nuevas.

Lógicamente, la mayor o menor preparación de cada tertuliano depende de sí mismo y de los intereses de la empresa que les contrata como opinadores. Generalmente, las que más controversia despiertan son las políticas, donde se debería analizar y discutir sobre la actualidad política. En estas se suele confundir discutir con agredir, educadamente, pero agredir. Las de los famosos y del corazón suelen olvidarse de lo de «educadamente». Y si nos referimos a las tertulias del fútbol, eso es otro mundo.

Las tertulias de fútbol se han convertido en un espectáculo de gritos y confrontaciones constantes, donde parece primar la defensa acérrima del propio equipo por encima de cualquier debate constructivo. Los contertulios se interrumpen constantemente, ignorando los turnos de palabra y promoviendo un ambiente de caos en el que la intolerancia hacia el equipo contrario y sus aficionados se normaliza. Este comportamiento desvirtúa cualquier oportunidad de análisis serio, reduciendo la conversación a una suerte de «campo de batalla» verbal en el que solo importa quién grita más fuerte y quién demuestra mayor devoción por su escudo.

La militancia desmesurada y la falta de respeto entre los tertulianos acaban trasladándose al público, que asimila esta hostilidad como algo natural e incluso la reproduce en su vida diaria. Este tipo de tertulias no solo pueden impedir un debate equilibrado, sino que fomentan una visión simplista y polarizada del fútbol, en la que el rival siempre es «el enemigo» y no hay espacio para la autocrítica.

En lugar de promover el disfrute y análisis del deporte, estos programas suelen contribuir a alimentar un clima de intolerancia, animando a los espectadores a adherirse ciegamente a sus colores y a despreciar los ajenos, sin importar el impacto de estas actitudes. Todo para ganar audiencia.

Cuando se trata de hablar sobre temas de políticas públicas y decisiones gubernamentales, enfocadas a la política nacional o internacional, nos encontramos con el mayor grado de crispación. Muchos de estos tertulianos, que no tienen la más remota idea de lo que están hablando, podrían darnos la sensación de no haber ido nunca a la escuela. Pero no importa, porque hacen su papel a las mil maravillas.

Las tertulias culturales suelen transmitirnos la impresión de ser menos conflictivas. Se tratan temas menos crispantes y eso se nota en la educación de los tertulianos.

Pero si hay una tertulia por excelencia, esta es la dedicada al mundo de los famosos. Se analiza detalladamente cualquier información escabrosa, desde la primera discusión de una pareja hasta la ruptura o la boda. Da igual si lo que se dice es verdad o no, lo que importa es generar contenido y expectación, actitudes conflictivas. Es indiferente que los seguidores de estos programas no lleguen a fin de mes, pero tienen que saber qué ha pasado con tal o cual pareja. Pan y circo, como en Roma.

Ocurre algo similar con el fútbol, donde la gente se muere por su equipo, se gasta lo que sea para ir al partido, viajar fuera de la ciudad o del país. Y a nosotros nos gustaría saber cuántas de esas personas están en el paro y pasan dificultades para pagar sus facturas. Pero qué más da, el equipo es el equipo.

Estos programas de la farándula tienen mucha audiencia, lo que puede darnos idea de nuestro gran nivel cultural. Pero no nos disgustemos, porque mal de muchos, consuelo de tontos; no somos el único país donde tienen éxito estos programas. El que no se consuela es porque no quiere.

En todas las tertulias, incluso cuando se habla de la más estricta intimidad de los famosos, no se debería faltar el respeto ni a esos personajes ni resto de los contertulios que nos acompañan en ese momento. Claro, que habría que ver cómo analizar de forma sosegada y constructiva la intimidad de las personas, pues no es precisamente algo sencillo.

No solo en las tertulias se debe priorizar el respeto a los otros, sino que habría que respetar la libre opinión del resto de los participantes. Pero, volviendo al tema de los famosos, no tenemos muy claro cómo lograrlo si precisamente estamos analizando su fidelidad a la pareja o los cuernos que le ha puesto uno al otro o que se han puesto mutuamente. Difícil de lograr, pero no imposible.

En las tertulias, pongamos por ejemplo las políticas, no debería faltar en ningún momento la preparación de los participantes, que varía significativamente según el tipo de tertulia de que se trate.

Para ello, no está de más hacer una investigación previa de todo el tema que se va a tratar, pero no suele ocurrir que esto se haga. Es más, no es raro que lleguen a la mesa de debate sin haberse preparado el tema. Utilizan su verborrea, hablan de lo que sea, dan su opinión, algunos, muchos, con excesiva contundencia, y salen del paso. Y cobran por aparecer en la tertulia, que de eso se trata.

No muchos tertulianos dedican tiempo a investigar los temas que se van a tratar en ese programa. Lo de revisar las noticias no es raro que lo hagan, pero profundizar más revisando informes y documentos oficiales solo lo hace alguna honrosa excepción. Y, aunque a muchos su experiencia en el campo que se esté tratando les permite hacer análisis profundos y sesudos, prefieren defender al partido político que les ha conseguido el puesto.

Resumen en diez puntos del capítulo de las diferentes tertulias y su impacto en la opinión pública:

Papel en la opinión pública: las tertulias son fundamentales para moldear la opinión pública, aunque a menudo están sujetas a manipulación tanto por parte de los participantes como de los espectadores.

Manipulación voluntaria: muchos espectadores desean ser manipulados, eligiendo ignorar todas las irregularidades de su partido político mientras critican despiadadamente la corrupción de los que no son los suyos.

Creación de autoridad: la percepción de que un tertuliano sabe mucho sobre un tema puede llevar a los espectadores a confiar en sus opiniones sin cuestionarlas, lo que facilita la manipulación.

Diversidad de formatos: existen diferentes formatos de tertulias (políticas, económicas, culturales, etc.), y su temática varía en función de la hora del día y el público objetivo.

Controversia en tertulias políticas: las tertulias políticas suelen ser las más polémicas, donde las discusiones a menudo se confunden con agresiones verbales, en lugar de análisis constructivos.

Menos conflicto en tertulias culturales: las tertulias culturales tienden a ser menos conflictivas y más educadas, aunque también pueden ser superficiales en algunos casos.

Farándula y fútbol: las tertulias dedicadas a la farándula y el fútbol atraen grandes audiencias, lo que refleja una cultura de entretenimiento que a menudo eclipsa cuestiones más serias.

Respeto en las tertulias: aunque se traten temas delicados, es fundamental mantener el respeto hacia todos los participantes y hacia las personas mencionadas en las discusiones.

Falta de preparación: muchos tertulianos llegan sin preparación adecuada a las tertulias, lo que afecta la calidad del debate y promueve la superficialidad.

Investigación limitada: pocos tertulianos se dedican a investigar a fondo los temas que van a discutir, lo que puede resultar en análisis débiles y una defensa de intereses personales o partidistas más que de argumentos sólidos.

6

El circo mediático donde el chisme reina y la verdad tropieza

En las tertulias, ya sea en la tele o en la radio, se maneja la opinión pública con la sutileza de un elefante en una cacharrería. La audiencia parece adorar ser manipulada, ya sea por los escándalos del político de turno o por los chismes de los famosos. ¡Qué importa si es verdad o puro chisme barato! Un claro ejemplo de esto es la cobertura mediática que recibe cualquier escándalo relacionado con figuras políticas, como las acusaciones de corrupción contra políticos o expolíticos. En lugar de analizar los hechos, muchos tertulianos se enfocan en lo que genera más polémica, alimentando un ciclo de desinformación.

Los tertulianos, esos expertos en saberlo todo sin haberlo estudiado, se pavonean como pavos reales en el gallinero de la televisión. Discuten, agreden y, a veces, hasta tienen la decencia de hablar de política entre carreras de famosos y goles de fútbol.

¿Preparación? ¡Bah! Pocos se molestan en investigar más allá de las portadas de los periódicos. Total, ¿para qué? Mejor ser un experto en todos los temas y defender a capa y espada al partido que te paga. Un caso emblemático fue el de algunos tertulianos que, sin conocimiento previo, discutieron acaloradamente sobre el Brexit, dejando de lado los datos económicos que podrían haber matizado su argumentación. Es uno de los muchos ejemplos que vemos en nuestras televisiones cada día.

Y así, entre tanta algarabía, las tertulias se convierten en el circo romano moderno, donde el respeto y la preparación se dejan en la puerta junto con el sentido común. Mientras tanto, el país sigue con su gran dilema existencial: ¿quién está saliendo con menganito y cuántos goles metió mi equipo? Sin duda, temas vitales para la supervivencia de nuestra cultura. Este fenómeno es evidente en programas de deportes, donde se discuten más las polémicas de los futbolistas que sus desempeños en el campo.

El sensacionalismo ha infiltrado las tertulias, convirtiendo lo que debería ser un análisis serio en un espectáculo basado en el escándalo. Por ejemplo, durante las elecciones generales, la atención de los tertulianos se centra más en las declaraciones polémicas de los candidatos que en las propuestas concretas, lo que deriva en una ciudadanía desinformada que probablemente elegirá basándose en lo que más se ha comentado en los medios, dejando de lado el fondo de las propuestas.

Las redes sociales amplifican los chismes y la controversia, haciendo que el ciclo de noticias sea aún más voraz. Un ejemplo es cómo ciertos tuits de políticos o celebridades se convierten en tendencia destacada (*trending topic*), generando un efecto dominó en los programas de tertulia que explotan el tema sin profundizar en la verdad detrás de los rumores.

La ética en el periodismo también se ve comprometida, ya que muchos tertulianos no asumen la responsabilidad de las consecuencias de sus palabras. Un caso notorio podría ser el de algún conocido tertuliano (son demasiados para por citarlos aquí), que, sin pruebas, acusa a un político de corrupción, lo cual le llevaría al acusado a una crisis de confianza en la opinión pública. Este tipo de incidentes pone de relieve la necesidad de una autorregulación en el ámbito mediático.

La percepción del público sobre las tertulias es ambivalente. Aunque muchos espectadores reconocen que son manipulados, el entretenimiento que ofrecen los mantiene pegados a la pantalla. Encuestas realizadas por instituciones de investigación revelan que un porcentaje significativo de la audiencia considera que la calidad de los debates es baja, pero aun así, sintonizan por el morbo.

Las consecuencias sociales y políticas de este fenómeno son alarmantes. La polarización de la opinión pública y la desconfianza en las instituciones aumentan a medida que los ciudadanos se ven arrastrados por narrativas simplistas que, en muchas ocasiones, solo pretenden dividir. No hay que ser un lince para darse cuenta de que la exposición a este tipo de contenidos está directamente relacionada con una mayor hostilidad hacia los partidos de la oposición.

Los **tipos de tertulianos** que dominan estas conversaciones son diversos. Está el provocador, que busca generar polémica a cualquier costo; el experto autoproclamado, que a menudo comparte información errónea; y el inexperto, que aporta ruido. Cada uno contribuye a crear un entorno donde la profundidad y el análisis son la excepción más que la norma.

Lo cierto es que las tertulias mediáticas han evolucionado hacia un circo donde el chisme reina y la verdad tropieza, dejando a la audiencia atrapada en un ciclo de desinformación y entretenimiento frívolo. Si no se toman medidas, seguiremos en un bucle donde lo trivial eclipsa lo esencial.

Resumen del capítulo del circo mediático:

Las tertulias de televisión y radio **manipulan la opinión pública** de manera descarada, generando controversia en vez de información.

La audiencia **parece aceptar esta manipulación,** más interesada en el entretenimiento que en la veracidad de los temas.

Muchos tertulianos se presentan como **«expertos» sin investigar** a fondo los temas que tratan, y defienden sus opiniones con agresividad y parcialidad.

La **falta de preparación** convierte el debate en una actuación de espectáculo, relegando el análisis real a un segundo plano.

Las tertulias **priorizan el escándalo y el chisme**, desde política hasta deportes, lo que promueve una cultura superficial.

Redes sociales y medios **amplifican los rumores** y temas de moda, sin verificar las verdades detrás de los mismos.

La **ética periodística se ve comprometida** cuando los tertulianos hacen acusaciones sin pruebas, generando desconfianza en las instituciones.

A pesar de ser conscientes de la manipulación, muchos espectadores siguen las tertulias por puro entretenimiento.

Estas tertulias **generan polarización social**, promoviendo narrativas simplistas que dividen a la opinión pública.

La falta de profundidad y análisis **ha convertido a las tertulias en un «circo»** que prioriza el chisme sobre la verdad y el contenido relevante.

7

Cuando el tertuliano mira a la cámara para verse y quererse

Los tertulianos suelen saber manejarse con soltura frente a las cámaras. Todos ellos saben que no tienen que mirar cuando les enfocan, sino continuar hablando con los interlocutores con los que comparten debate en ese momento. Pero una cosa es saber lo que hay que hacer y otra muy diferente hacerlo.

Lo lógico y sensato es enfocar su atención en el presentador o moderador del debate, o en el resto de los compañeros para mantener una conversación más natural y fluida.

Los hay, y son mayoría, que siguen a pies de juntillas las instrucciones que les dieron en sus inicios. La principal de ellas es no mirar nunca a la cámara, porque transmite sensación de falsedad, ya que el tertuliano no está debatiendo con el telespectador, que es la cámara, sino con el resto de las personas que están allí.

Miren o no miren directamente a la cámara, será el realizador el encargado de elegir el plano adecuado, y, por mucho que miren al objetivo, es muy posible que esa mirada no llegue al telespectador, porque quien dirige el cotarro, visualmente hablando, puede elegir entre diferentes planos.

Cierto es que en algunas televisiones hay monitores donde se ve la imagen que está saliendo en antena, pero en otros casos esto no ocurre. Colocar estos monitores para que puedan verlos los contertulios es un grave error, ya que les distrae. Si estás pendiente del plano que te están sacando, estarás menos pendiente de la argumentación que tienes que elaborar para defender tu postura o hacer tu análisis.

No obstante, algunos tertulianos tienen muy claro cuándo pueden mirar a la cámara con tanto arte que no se les nota, pero son los menos. De todas formas, en ocasiones sí es necesario mirar a la cámara, y dejar claro que se está mirando a la cámara para decir algo muy concreto.

La diferencia entre mirar y no mirar es la misma que entre intentar conectar con la audiencia o mantener la naturalidad y enfocarse en el contenido de la conversación. Ojo, que una cosa es intentar conectar con la audiencia y otra muy diferente es conseguirlo.

Cuando nos enfoca la cámara podemos experimentar una serie de sentimientos dependiendo de cada uno. Sensaciones que van desde la responsabilidad hasta la indiferencia, pasando por la libertad, tensión y placer, presión y motivación, vanidad, pudor y vete tú a saber cuáles más.

Muchos tertulianos experimentan una sensación de responsabilidad cuando la cámara les enfoca, porque son conscientes del impacto de sus palabras en la audiencia. Esa responsabilidad les obliga a ofrecer opiniones bien fundamentadas. También los hay que no sienten nada especial, quizá porque llevan demasiado tiempo haciendo lo mismo, y prefieren enfocarse en el contenido y en el intercambio de opiniones y conocimientos con sus compañeros, ignorando las cámaras que tienen a pocos metros.

La sensación de libertad que embarga a muchos de ellos les proporciona una mayor facilidad para expresarse abiertamente. Todo lo contrario de la sensación que experimentan otros que sufren una mezcla de tensión y disfrute. Viene a ser algo así como una situación agridulce, algo placentero pero que produce cierto dolor.

Tenemos a muchos que se ven motivados por la presión de tener que construir y expresar ideas interesantes en tiempo real, porque una tertulia es algo muy vivo. Como el tiempo lo cura todo, con el paso de los años todos se adaptan al medio porque, al fin y al cabo, para muchos es su única forma de subsistencia. La cámara se vuelve menos abrumadora, incluso amigable, lo que les permite acostumbrarse y, consecuentemente, se relajan más durante sus intervenciones. Algunos se despreocupan en demasía, pero eso es para otro capítulo.

Afortunadamente, la mayoría de estos profesionales de la tertulia apuestan por la naturalidad ante la cámara, la interacción con los compañeros y su despreocupación por la cámara para centrarse en lo verdaderamente importante para ellos, que es el mensaje que están transmitiendo.

Mirar al moderador o a los otros tertulianos durante el programa les ayuda a mantener una conversación mucho más dinámica y menos artificial. Todo ello teniendo en cuenta que la televisión es un medio estimulante que requiere mayor concentración y la capacidad de simplificar el mensaje, permitiendo enfatizarlo con recursos visuales de los que no disponemos en la radio.

Resumen en diez puntos sobre la forma en que los tertulianos miran a la cámara:

Manejo frente a la cámara: los tertulianos saben que deben evitar mirar a la cámara, ya que esto puede transmitir falsedad; sin embargo, muchos no logran aplicarlo correctamente en el debate.

Atención al moderador: lo lógico es que los tertulianos se enfoquen en el presentador y en sus compañeros, lo que fomenta una conversación más natural y fluida.

Instrucciones a seguir: la mayoría sigue la instrucción de no mirar a la cámara, basándose en la idea de que el debate es con los presentes, no con la audiencia.

Control del realizador: es el realizador quien elige los planos, lo que significa que mirar a la cámara no siempre asegura que la mirada llegue al telespectador.

Monitores en el plató: la presencia de monitores puede distraer a los tertulianos, haciéndoles menos atentos a su argumentación y más al plano que están ocupando.

Conexión con la audiencia: mirar a la cámara puede ser necesario para conectar con la audiencia, pero existe una diferencia entre intentar y realmente lograrlo.

Sensaciones variadas: al ser enfocados por la cámara, los tertulianos pueden experimentar desde responsabilidad y libertad hasta tensión y vanidad.

Adaptación al medio: con el tiempo, muchos tertulianos se acostumbran a la cámara, lo que les permite relajarse y expresarse con más naturalidad.

Interacción en el debate: la mayoría de los tertulianos prefieren mantener la naturalidad y centrarse en la interacción con sus compañeros en lugar de preocuparse por las cámaras.

Importancia del contenido: mantener la atención en el mensaje que transmiten es crucial, ya que la televisión requiere una simplificación del mensaje que no se tiene en la radio.

8

¿Qué es lo que más te atrae de las tertulias?

Los tertulianos se sienten atraídos, además de por el dinero, que suele ser el principal motivo para participar en una tertulia, por el intercambio de opiniones y la posibilidad de debatir con otros y confrontar ideas. Siempre con la intención de que su idea quede por encima de las de los otros participantes.

También apuestan por transmitir conocimientos al público en general, para tener impacto en la opinión pública, sin olvidarnos en ningún momento del desarrollo profesional del propio tertuliano. Tener la capacidad de influir en la opinión pública y en la manera en que se interpretan las noticias, llegando a miles o millones de personas, es una de las razones que atraen a los tertulianos para participar en estos programas.

Facilitar la formación de opinión de los oyentes o telespectadores es un buen motivo para algunos de estos profesionales. Lo hacen intentando aportar un análisis claro y bien fundamentado, con la idea de contribuir a una mejor comprensión pública de los temas tratados.

Ese debate, que les permite intercambiar opiniones y conocimientos, les puede llevar a un juego dialéctico, casi nunca inteligente pero sí muy visceral, con sus correspondientes estrategias de argumentación. El placer de participar en el juego dialéctico y el uso de la argumentación y el debate como una forma de entretenimiento es una razón más que suficiente para algunos profesionales que participan habitual o esporádicamente en este tipo de programas. Este placer suele ser mucho más valorado por quienes participan en programas de radio, generalmente más sosegados, que por los que prefieren el espectáculo televisivo.

Pero para argumentar hay que conocer el tema, lo que muchas veces nos lleva a encontrarnos con tertulianos que no argumentan, se limitan a decir lo que piensan sin pensar en lo que dicen. No importa que su perorata no tenga sentido, lo importante es que defienda sus intereses o los del partido político que le ha facilitado su presencia en esos debates.

Esto nos lleva a referirnos al necesario respeto que merecen los otros contertulios, porque muchos de ellos consideran a los otros seres inferiores, solo por el mero hecho de no darles la razón ni pensar como ellos. Esto lo comprobamos cada día al encender el televisor y poner una de estas tertulias.

Muchos no caen en la cuenta de que la oportunidad de mantener un debate sereno y respetuoso con los otros tertulianos debería ser un motivo de celebración, para encontrar la verdad entre todos, no para que la verdad de cada uno sobresalga sobre el resto. Aquello que decía Antonio Machado sobre la verdad, aquí parece sobrar («¿Tú verdad? No, la verdad; y ven conmigo a buscarla. La tuya guárdatela»).

Para encontrar esta verdad no solemos escuchar demasiadas estrategias de argumentación. Esto no es atractivo para muchos de los participantes, sino que lo que realmente parecen buscar es un ataque frontal sin argumentos contra el contrario. A ese contrario le suelen ver como un enemigo al que hay que destrozar, en vez de como un compañero de mesa de debate con aportaciones útiles. Algo así como un combate al estilo *Juego de tronos,* a ver quién vence en la batalla final. Esto es bastante habitual en los debates donde se habla de política. A algunos les atrae el griterío, la descalificación y la crispación; cuanto más crispado sea el debate, más piensan que van a salir victoriosos.

A otros lo que les motiva es la posibilidad de transmitir sus conocimientos técnicos, más que sus opiniones, o el análisis sosegado del tema en cuestión. Pero solo a algunos. Son personas serias y rigurosas, que suelen intentar simplificar y hacer accesibles, al público en general, ideas complejas que no suele comprender el común de los mortales.

Se trata de personas cuya principal fijación es facilitar razonamientos útiles para la sociedad, ofreciendo análisis de la realidad que nos rodea para hacer accesibles esas situaciones a todo el público, incluidos muchos de los tertulianos que están en la misma mesa y que no tienen la menor idea de lo que están debatiendo; ni la tienen, ni hacen por tenerla.

Afortunadamente no son pocos, aunque tampoco muchos, a los que les atrae la posibilidad de explicar el tema del que se trate aportando información o datos exclusivos. A otros, lo que les motiva es la posibilidad de estudiar y sintetizar ideas rápidamente, añadiendo un titular comprensible a una idea compleja.

Todo ello sin olvidar la capacidad de reacción que existe al participar en un debate cuando se están confrontando ideas diferentes, incluso opuestas. Los que lo encuentran divertido y no lo ven solo como un trabajo disfrutan con ello, porque es un reto intelectual. Desgraciadamente para otros muchos el reto consiste solamente en atacar al de enfrente. Hay de todo en la viña del Señor.

Y todo ello sin olvidar la remuneración económica, que cuando participas en una tertulia puede que no sea mucho dinero, pero si acudes a cuatro o cinco cada día, la cosa cambia.

A otros les atraen las tertulias porque les permiten mantener contacto fluido con figuras políticas y colegas de diferentes medios. En ocasiones, la relación con estas figuras políticas es muy cercana, hasta que la figura pierde el interés. Muchos no se dan cuenta de que, en demasiadas ocasiones, el contacto con esa gente es por el propio interés de los políticos, no del tertuliano.

Resumen en diez puntos sobre lo que más atrae a los tertulianos:

Motivación económica: el principal atractivo para muchos tertulianos es el dinero que reciben por participar en las tertulias.

Intercambio de opiniones: los tertulianos disfrutan del debate y la confrontación de ideas, buscando que sus opiniones prevalezcan sobre las de los demás.

Influencia en la opinión pública: tienen la capacidad de impactar la forma en que se interpretan las noticias y moldear la opinión del público.

Formación de opinión: algunos tertulianos desean contribuir a la comprensión pública de los temas a través de análisis claros y fundamentados.

Juego dialéctico: participar en un debate, aunque a menudo visceral, puede ser entretenido y proporcionar un placer intelectual, especialmente en programas de radio más sosegados.

Conocimiento del tema: muchos tertulianos no argumentan correctamente y se limitan a expresar opiniones sin fundamento, defendiendo intereses políticos o personales.

Falta de respeto hacia otros: a menudo consideran a sus compañeros de debate como inferiores, olvidando que el objetivo debería ser buscar la verdad en lugar de vencer al otro.

Debates polarizados: en las tertulias políticas no es raro que prevalezca la descalificación y la crispación, porque algunos tertulianos se sienten atraídos por el conflicto.

Simplificación de ideas complejas: algunos tertulianos intentan facilitar la comprensión de temas complicados para el público en general, pero son una minoría.

Red de contactos: a algunos les interesa mantener relaciones con figuras políticas y colegas de medios, aunque a menudo estas conexiones son unilaterales y basadas en intereses personales.

·9

Diferencias entre tertulianos y tertulianas

Para hacer este capítulo, y como la sensibilidad está a flor de piel, hemos utilizado diferentes herramientas de inteligencia artificial a las que puedes echarles la culpa si no te gusta lo que decimos, que tampoco es nada del otro mundo. Pero por si acaso. Aun así, a alguno, alguna o algune le molestará el capítulo. ¡Nunca llueve a gusto de todos!

La diferencia entre tertulianos y tertulianas en cuanto a la forma de comunicarse puede observarse en varios niveles: verbal, no verbal y paraverbal. Estas diferencias no son absolutas y dependen de varios factores, como la personalidad, la experiencia y el contexto cultural y social. Sin embargo, algunos estudios y observaciones generales pueden destacar ciertas tendencias.

1. Comunicación verbal

- **Tertulianos (hombres)**
  - Suele percibirse un estilo más directo y a veces confrontativo. Pueden enfocarse más en datos, hechos y argumentación lógica.

- Tienden a usar un lenguaje más competitivo, queriendo «ganar» la discusión.
- El volumen y la rapidez pueden ser más altos, dependiendo del tema o la pasión que generen en la conversación.
- Suele observarse una tendencia a interrumpir más a menudo a sus interlocutores.

- **Tertulianas (mujeres)**
  - Suelen usar un lenguaje más colaborativo y enfocado en construir puentes, buscando consenso.
  - Su estilo puede ser más inclusivo, empleando términos emocionales o relacionales.
  - En general, se percibe una mayor inclinación a usar lenguaje de apoyo, frases más largas y detalles adicionales para ilustrar los puntos.
  - Son menos propensas a interrumpir, pero pueden recibir más interrupciones durante la conversación.

2. *Comunicación no verbal*

- **Tertulianos (hombres)**
  - Mayor tendencia a utilizar gestos amplios, posturas abiertas y a ocupar más espacio físico en el set.
  - Pueden usar gestos autoritarios o expansivos para subrayar su posición en la conversación.
  - El contacto visual puede ser más sostenido en momentos de confrontación o cuando se desea demostrar que se domina la situación.

- **Tertulianas (mujeres)**
  - Suelen mostrar una postura más contenida, gestos más moderados y una expresión más variada en el rostro.
  - El uso de gestos puede ser más controlado, pero su expresión facial es más rica, con sonrisas, movimientos de cabeza y contacto visual más frecuentes para establecer conexiones.
  - En algunos casos, se puede observar una tendencia a minimizar el espacio que ocupan físicamente, lo cual puede ser influenciado por normas sociales.

3. Comunicación paraverbal (tono, ritmo, énfasis)

- **Tertulianos (hombres)**
  - Usan un tono más grave, lo que puede proyectar más autoridad y firmeza.
  - Tienden a hablar a un ritmo más rápido y con mayor fuerza, especialmente cuando buscan imponer un punto o rebatir a otros.
  - Pueden hacer énfasis en palabras clave con volumen o intensidad, destacando su seguridad o convencimiento.

- **Tertulianas (mujeres)**
  - Su tono de voz puede variar más, ajustándose para transmitir emociones y matices de forma más clara.
  - Pueden usar pausas más largas o hablar de manera más lenta para enfatizar puntos clave o conectar emocionalmente con la audiencia.

- Suelen modular su voz para sonar más empáticas o accesibles, y enfatizan con suavidad en lugar de intensidad.

Existen estereotipos que pueden influir en cómo se percibe la comunicación de hombres y mujeres en una tertulia. Por ejemplo, las mujeres a menudo son juzgadas con mayor severidad si levantan la voz o son más asertivas en la interacción entre géneros. Los hombres tienden a dominar más en espacios mixtos de discusión, interrumpiendo con mayor frecuencia a las mujeres o desacreditando sus opiniones con mayor facilidad.

Estas dinámicas no solo afectan a la calidad de la interacción, sino también a la visibilidad y el reconocimiento que reciben las mujeres. La falta de reconocimiento, las interrupciones frecuentes y la desacreditación de opiniones pueden llevar a que las mujeres participen menos o se autocensuren en estos entornos, lo que a su vez refuerza la percepción de que las tertulias y los debates son espacios dominados por voces masculinas. Además, la tendencia a interrumpirlas y desacreditar sus opiniones puede hacer que las ideas y argumentos de las mujeres no sean escuchados o tomados en serio, lo que afecta su capacidad de influir en la conversación.

Tanto los estereotipos de género como las dinámicas de interacción entre géneros en espacios mixtos juegan un papel crucial en cómo se desarrolla la comunicación en las tertulias. Estos factores impactan no solo en la forma en que los tertulianos y tertulianas se expresan, sino también en cómo son percibidos y valorados por la audiencia.

Las tertulias solo de hombres suelen estar caracterizadas por una dinámica de comunicación más competitiva, enfocada en temas de alto estatus, con un uso más limitado de la empatía y la expresión emocional. La jerarquía, el dominio de la palabra y el uso de argumentos racionales predominan, mientras que el humor y el sarcasmo pueden suavizar o controlar posibles tensiones.

Las tertulias exclusivamente de mujeres suelen exhibir características particulares que reflejan tanto las normas culturales sobre la comunicación femenina como las dinámicas sociales que pueden surgir en grupos homogéneos.

Las tertulias exclusivamente de mujeres tienden a ser espacios más colaborativos, empáticos y orientados hacia la comunicación emocional y personal. Las participantes suelen expresar una mayor variedad de emociones y preocupaciones interpersonales, lo que contribuye a un ambiente de apoyo y conexión. La estructura menos jerárquica y el enfoque en la escucha activa permiten un diálogo más profundo y significativo, facilitando la construcción de redes y el empoderamiento entre las mujeres.

Resumen en diez puntos de las diferencias entre tertulianos y tertulianas:

Comunicación verbal: los tertulianos tienden a usar un estilo más directo y confrontativo, mientras que las tertulianas suelen buscar un lenguaje colaborativo y consensuado, empleando términos emocionales y relacionales.

Interrupciones: los tertulianos interrumpen con mayor frecuencia a sus interlocutores, mientras que las tertulianas son más propensas a ser interrumpidas, lo que afecta su visibilidad y participación.

Comunicación no verbal: los tertulianos suelen ocupar más espacio con gestos amplios y autoritarios, mientras que las tertulianas muestran una postura más contenida y gestos moderados para conectar con la audiencia.

Contacto visual: los tertulianos mantienen el contacto visual para demostrar dominio, mientras que las tertulianas lo emplean para establecer una conexión emocional y accesible.

Comunicación paraverbal: los tertulianos suelen usar un tono más grave y un ritmo rápido para imponer sus puntos, mientras que las tertulianas modulan su tono para expresar emociones y conectar con la audiencia.

Estereotipos de género: las tertulianas suelen ser juzgadas más severamente si levantan la voz o son asertivas, mientras que los tertulianos no enfrentan la misma presión social en sus intervenciones.

Influencia y reconocimiento: la frecuencia de interrupciones y desacreditaciones afecta la visibilidad de las tertulianas, limitando su capacidad de influir en las conversaciones, mientras que los tertulianos dominan estos espacios con mayor facilidad.

Dinámicas de espacio mixto: en tertulias mixtas, los tertulianos tienden a acaparar la palabra y desacreditar las opiniones de las tertulianas, perpetuando estereotipos y dinámicas desiguales en la conversación.

Tertulias exclusivamente masculinas: estas tertulias suelen caracterizarse por un enfoque competitivo, jerárquico y de humor controlado, mientras que la expresión emocional y la empatía se ven limitadas.

Tertulias exclusivamente femeninas: estas tertulias favorecen un ambiente colaborativo y empático, orientado hacia el apoyo emocional y la creación de redes significativas, promoviendo la escucha activa y el empoderamiento.

10

La IA en las tertulias

La inteligencia artificial (IA) no ha venido para cambiarlo todo, pero casi. Es un tren al que todos, tarde o temprano, nos tendremos que subir. Y en el ámbito de la comunicación, y más concreto en el de las tertulias, no iba a ser menos.

La IA puede ayudar en el mundo del periodismo en muchos ámbitos: a la creación de imágenes, montaje de vídeos, verificación de noticias, etc. Pero no solo esto, sino que la inteligencia artificial sirve también, aunque parezca increíble, para la creación de colaboradores.

El programa de televisión *Aruser@s,* de La Sexta, ha sido pionero en ello, creando una colaboradora a través de la IA. Taylor, que así se llama la tertuliana generada a través de un ordenador, ha supuesto una revolución no solo para el programa, sino a nivel periodístico en general. Alfonso Arús, presentador de dicho programa, aseguraba hace unos meses, tal y como se puede leer en el periódico 20 Minutos[1], que esta presentadora «forma parte de un intercambio cultural con tertulias de inteligencia artificial, como un Erasmus».

---

[1] 20 Minutos, María Tapiador, 26/08/2024: «*Aruser@s* apuesta por la inteligencia artificial con su nueva colaboradora: "No vengo a quitar el sitio a nadie"».
https://www.20minutos.es/television/aruser-s-apuesta-por-inteligencia-artificial-con-su-nueva-colaboradora-no-vengo-quitar-sitio-nadie-5627869/

La propia Taylor se presentaba a sí misma como «una presentadora de inteligencia artificial» que forma «parte del intercambio cultural entre los programas culturales líderes de todo el mundo». Además, una de las cosas que mencionaba la propia colaboradora es que no venía a quitarle el puesto a nadie, aunque «nunca se sabe».

Aunque esto puede parecer algo futurista, como se ha comprobado, no lo es. Además, el hecho de tener un tertuliano creado con inteligencia artificial puede tener muchas ventajas:

- Disponibilidad constante: el tertuliano no va a tener problemas de atascos, de ponerse enfermo o de no poder participar en el programa por otros motivos.
- Adaptarse a la temática: el colaborador es capaz de adaptarse a cualquier tipo de materia que se esté tratando, ya que puede buscar información sobre la misma en cualquier momento; no hace falta que haga una investigación previa.
- Neutralidad: un tertuliano basado en inteligencia artificial es capaz de prescindir de prejuicios emocionales o subjetivos, lo que contribuye a generar debates más imparciales y equilibrados.
- Análisis rápido de datos: esto va unido a la adaptabilidad de la temática, ya que el presentador puede procesar gran cantidad de información y datos en tiempo real.
- Interactividad: si el presentador está bien diseñado, podrá interactuar con el público o los espectadores tanto en el plató como por otros medios, como las redes sociales.
- Ahorro de recursos: el tener un tertuliano de estas características puede generar un ahorro en cuanto a que logra

tratar diversos temas para los que, en otras circunstancias, se necesitarían más personas.

- Innovación y diferenciación: introducir a este tipo de presentadores en una tertulia es claramente un elemento innovador y diferenciador frente a la competencia.

Eso sí, aunque estas son algunas de las ventajas, no nos olvidemos de algunos de los inconvenientes que esto pueda tener:

- Falta de empatía y de emociones humanas: ya que la inteligencia artificial no puede sentir ni transmitir emociones.
- Deshumanizar el debate: incorporar tertulianos creados por ordenador puede generar, en relación con el punto anterior, que el debate tenga una reducción en las perspectivas humanas.
- Falta de contexto: aunque se puedan procesar datos más rápidamente, es cierto que puede ocurrir que falte contexto histórico o cultural para analizar ciertos temas.
- Desconfianza: el público puede sentir cierta desconfianza ante un tertuliano creado por inteligencia artificial al parecer menos creíble.
- Riesgo de puestos de trabajo: la creación de estos presentadores puede presentar una amenaza del empleo de las personas.
- Dependencia tecnológica: hay que tener en cuenta que estos tertulianos están creados por máquinas y, como tales, pueden presentar fallos técnicos que causen, entre otros, respuestas inadecuadas.

Además de la creación de colaboradores, la inteligencia artificial puede ser de gran ayuda en otros ámbitos dentro de las tertulias. Por ejemplo, para el análisis y verificación de noticias e informaciones. Ya sabemos que muchas veces sus fuentes son poco fiables, pero la inteligencia artificial ya puede ayudar a conocer si la información que dan es correcta o no.

En el área de la investigación periodística, los tertulianos pueden hacer uso de la IA, ya que esta, al analizar grandes cantidades de datos, puede encontrar patrones ocultos en documentos públicos y redes sociales, potenciando y acelerando el trabajo del periodismo de investigación.

Pero no solo en el tema de la investigación. La IA también es capaz de complementar a los tertulianos humanos, siendo un asistente en tiempo real, proporcionando, por ejemplo, datos relevantes o referencias.

También es importante tener en cuenta que la inteligencia artificial puede ayudar a la hora de interactuar con la audiencia, ya que esta podría enviar, por ejemplo, las preguntas que tenga y que sea una máquina la que las analice al instante y luego las incorpore a la mesa de debate.

Asimismo, la IA puede monitorizar foros, redes sociales y noticias que ocurran en tiempo real, para incluirlos también a esa mesa de debate y que la información sea aún más reciente.

Y no olvidemos que este campo de la informática es capaz, a su vez, de desempeñar un papel fundamental en la moderación de debates, ayudando a los presentadores a gestionar el tiempo, controlar las interrupciones que se hacen o, incluso, garantizar que todos los participantes tengan la misma oportunidad para expresar sus ideas. Esto contribuiría a que las discusiones sean más organizadas y productivas.

Aunque esto es una gran ayuda, no hay que olvidar que la inteligencia artificial está entrenada con datos que están sesgados, y hay que tenerlo en cuenta a la hora de utilizar la información que nos proporcione, no solo en las tertulias, sino en cualquier ámbito laboral o personal. De aquí surgen dudas sobre cómo garantizar que la inteligencia artificial no reproduzca sesgos en las informaciones que proporciona, y esto es algo en lo que se va a tener que trabajar a fondo, para que la información sea lo más correcta y veraz posible.

Además de estos aspectos, también hay que tener en cuenta que en algún momento será necesario hacer una regulación de ese contenido, crear unas normas éticas, de transparencia y de calidad informativa. Aquellas empresas que se encarguen de desarrollar la inteligencia artificial en los medios de comunicación deberán contar con una supervisión en sus sistemas, donde se asegure que estos no favorezcan intencionadamente ciertos intereses políticos, económicos o sociales.

Tampoco hay que olvidar el cambio que puede producir todo esto, pues muchas personas serán reacias a ese cambio de paradigma y seguirán prefiriendo las tertulias como las conocíamos hasta ahora. Nada de presentadores hechos a ordenador o de ayuda tecnológica más allá de la que utilizamos actualmente. Hay mucha gente que podría mostrar cierto escepticismo y ser reacia a aceptar la inteligencia artificial en espacios que tradicionalmente han estado reservados al análisis humano. Por ello, es recomendable introducir ese cambio de manera gradual y no de golpe, para que todo el mundo se pueda hacer a ello y no sea un choque repentino.

Resumen en diez puntos de la inteligencia artificial aplicada a las tertulias:

Innovación en el formato de las tertulias: la inteligencia artificial está revolucionando las tertulias como las conocemos tradicionalmente, como se ha visto con la introducción de tertulianos virtuales, que ofrecen beneficios como el análisis de datos en tiempo real, disponibilidad continua y debates más ordenados.

Transformación del periodismo de investigación: la capacidad de la IA para procesar grandes cantidades de datos y descubrir patrones ocultos está favoreciendo el trabajo de los tertulianos y periodistas, agilizando la investigación y mejorando los análisis.

Conexión más directa con la audiencia: la IA ayuda a que haya más dinamismo en las tertulias, posibilitando que los comentarios y preguntas del público se integren en tiempo real, haciendo el debate más participativo e inclusivo.

Mejor gestión de los debates: los sistemas de inteligencia artificial pueden ser grandes aliados en la moderación, ayudando a controlar interrupciones, distribuir el tiempo de intervención de forma justa y mantener la conversación organizada y fluida.

Riesgos éticos y tecnológicos: el uso de IA en tertulias plantea preguntas importantes sobre cómo evitar sesgos en los datos, garantizar la imparcialidad y proteger la credibilidad de la información, lo que requiere una supervisión estricta y normativa adecuada.

Adaptación progresiva al cambio: debido a que este cambio puede ser abrupto, y para que no genere rechazos, es recomendable introducir la inteligencia artificial en las tertulias de manera gradual, poco a poco, para que tanto el público como los profesionales se familiaricen con el nuevo modelo.

Nuevas oportunidades para el periodismo: la inteligencia artificial está haciendo que haya más herramientas disponibles para los medios de comunicación, como por ejemplo la verificación de noticias o la creación de contenidos audiovisuales.

Retos a la hora de confiar en la IA: la falta de empatía y humanidad de la inteligencia artificial puede generar desconfianza entre el público.

Regulación de su uso: la implementación de normas éticas y de transparencia será clave para garantizar que la IA en las tertulias se utilice de forma responsable y no favorezca intereses políticos o económicos específicos.

Impacto en la comunicación del futuro: la integración de la IA en los debates no solo moderniza las tertulias, sino que también redefine cómo se crea y consume contenido, marcando un antes y un después en el ámbito comunicativo.

PARTE II

Lo que opinan los propios tertulianos
de sí mismos y de los otros

1

¿Has visto a alguien en apuros al abordar un tema desconocido? Reflexionemos sobre la claridad en la comunicación

Cuando hemos preguntado a diferentes tertulianos, la mayoría de ellos coinciden en la importancia de estar bien preparados y tener claro el tema a abordar, aunque algunos reconocen que, en ocasiones, la actualidad urgente o la falta de previsión pueden dificultar esta preparación.

Aquellos que se toman el tiempo para documentarse con profundidad destacan que no solo buscan estar al tanto de los hechos, sino también aportar un punto de vista original, alejado de los titulares habituales y de los argumentarios partidistas. Para muchos, el análisis bien fundamentado y la preparación previa son esenciales para ofrecer valor añadido a la audiencia.

Sin embargo, no todos los tertulianos tienen el mismo nivel de claridad sobre los temas. Algunos admiten que en ciertos asuntos pueden surgir dudas, especialmente en temas complejos o ajenos a su especialidad, pero consideran que la duda puede ser una virtud. Hay quienes subrayan la importancia de que se les adelanten los temas a tratar para poder formarse una opinión sólida y bien informada. Además, la experiencia y especialización en áreas específicas, como la política nacional, internacional, deportes, etc., les ayuda a abordar las discusiones con mayor seguridad. En todo caso, la preparación constante y la búsqueda de perspectivas nuevas son prácticas valoradas entre los tertulianos más comprometidos con su labor.

Otro aspecto relevante es la adaptación a la improvisación en temas de actualidad que surgen inesperadamente durante las tertulias. Algunos tertulianos consideran que, aunque es ideal prepararse con antelación, la realidad de los medios exige en ocasiones tomar una postura sobre temas imprevistos. En estos casos, se recurre a la experiencia y al conocimiento acumulado en otras áreas para poder opinar con criterio. Aunque se intenta no abordar temas sin un mínimo de preparación, afirman que la agilidad mental y la capacidad de análisis en tiempo real son habilidades esenciales para mantener la calidad del debate.

Por otro lado, algunos tertulianos subrayan la importancia no solo de informar, sino también de formar opiniones, presentando puntos de vista que aporten algo nuevo al debate. Aunque es imposible saber de todo, la clave está en llegar con una postura bien definida, basada en hechos contrastados y lecturas previas. No se trata únicamente de ofrecer datos, sino de contextualizarlos y darles un enfoque que el público pueda valorar. Además, varios tertulianos mencionan que, al tratar temas complejos o delicados, prefieren exponer diferentes puntos de vista antes de tomar una posición definitiva, buscando así ofrecer una visión más equilibrada y completa del tema en cuestión.

Cuando a un tertuliano se le pregunta sobre un tema del que no tiene la menor idea, las reacciones varían. Algunos, con total honestidad, admiten su desconocimiento y prefieren no extenderse en asuntos sobre los que no están bien informados. Y otros muchos se lanzan a la piscina sin ningún pudor.

Consideran que esta transparencia refuerza su credibilidad y evita caer en opiniones vacías o superficiales. Sin embargo, no todos actúan de la misma manera, y demasiados tertulianos optan por improvisar, recurriendo al sentido común o a comentarios genéricos que les permitan salir del paso sin entrar en terrenos incómodos. En general, hay un consenso sobre que lo más profesional es reconocer las limitaciones propias, aunque no siempre es la salida más fácil.

Por otro lado, algunos tertulianos destacan que, cuando no se tiene preparación suficiente sobre un tema, es fundamental ser prudente. En lugar de caer en la tentación de aparentar saberlo todo, es preferible guiar la conversación hacia áreas que dominan mejor, evitando dar opiniones infundadas que puedan poner en riesgo su reputación.

A pesar de esto, existe la presión del formato de las tertulias donde se espera que los participantes opinen de una amplia gama de temas, lo que lleva a algunos a hablar con superficialidad sobre asuntos en los que no están bien informados, lo cual puede provocar situaciones incómodas y provocar que el público les pierda el respeto.

Algunos tertulianos también señalan que, aunque la actitud más honesta es admitirlo cuando no se sabe sobre un tema, a menudo esto no es bien recibido por los directores o productores de las tertulias. Se valora más la capacidad de improvisar y mantener la fluidez del debate, incluso si esto implica ofrecer respuestas poco fundamentadas.

No obstante, aquellos que optan por la honestidad insisten en que esta actitud es mejor a largo plazo, ya que el público percibe la impostura rápidamente y penaliza a quienes fingen tener un conocimiento que no poseen. Esta sinceridad, aunque no siempre recompensada, es vista como una virtud por quienes la practican.

En definitiva, las reacciones ante la falta de conocimiento sobre un tema dependen del estilo y la ética personal del tertuliano. Algunos prefieren la improvisación y tratan de «salir del atolladero» con respuestas generales, mientras que otros optan por ser claros y admitir sus limitaciones. Esta última opción, aunque más difícil en el momento, es la que se considera más profesional y respetuosa con la audiencia, que espera opiniones bien fundamentadas y no simples rellenos.

También se encuentran con el espectáculo de ver a un compañero de tertulia intentando salir del paso cuando no tiene ni idea de lo que habla. ¡Es un arte! Hemos visto de todo en estos años. Desde quienes se lanzan a improvisar sobre temas que podrían necesitar un máster para entender, hasta los que simplemente optan por la táctica del «mejor no hablo».

Es un arte tan sutil que a veces pensamos que debería ofrecerse en una especialidad universitaria: «Cómo dar la impresión de saberlo todo mientras en realidad no sabes nada».

Y luego está el «compañero de oro», que, en vez de admitir su ignorancia, se lanza a hablar como si fuese el gran gurú del tema. En una ocasión en un debate político, cuando se descubrió el denominado «Caso Faisán», un tertuliano lo confundió con el caso de la Avutarda. ¡Menuda confusión!

Esas situaciones son como ver a alguien intentando escalar un monte sin saber que en el camino hay un precipicio; emocionante, pero muy poco recomendable.

Algunos lo intentan con esa actitud de «yo puedo con todo». El espectador se supone que es un ser sagaz, difícil de engañar. Sabe perfectamente cuándo un tertuliano se lanza a hablar como si conociera el tema, pero, en realidad, solo está improvisando con ideas que, a buen seguro, fueron sacadas de la parte trasera de su mente. Si solo hubiera admitido que no tenía ni idea, ¡qué diferencia! Pero no, mejor seguir con el discurso vacío, porque, al parecer, en el mundo de la tertulia, decir «no sé» es como admitir que no te sabes el nombre de tu propio perro.

Y ahí estamos, con esa mezcla de vergüenza ajena y admiración por aquellos que logran salir indemnes de sus propios desastres verbales. Hay quienes se preguntarán si los tertulianos se reúnen en secreto para compartir sus mejores estrategias para evitar el ridículo. «Si no sabes, simplemente di algo genérico, y asegúrate de sonreír. El público se lo tragará», parece ser el lema. Pero al final, la falta de preparación es un búmeran: el público no es tonto, y las redes sociales están llenas de «memes» de aquellos que se lanzan al abismo sin paracaídas.

Es muy molesto cuando alguien se presenta en una mesa de debate sin haber tenido la decencia de prepararse un mínimo. Es como ir a una cena de gala con un chándal. La falta de respeto hacia el público es palpable. Y no hablemos de esos que se limitan a repetir lo que dicen los partidos políticos como si fuesen papagayos con argumento, porque eso es otro cantar. Lo cierto es que lo que se necesita es honestidad intelectual, y no simplemente dar opiniones al azar como si fueran caramelos en una piñata.

Resumen en diez puntos del capítulo **¿Has visto a alguien en apuros al abordar un tema desconocido?**

Importancia de la preparación: la mayoría de los tertulianos valora estar bien preparados y aportar perspectivas originales, aunque la falta de tiempo a veces lo dificulte.

Especialización: los tertulianos con experiencia en áreas específicas, como política o deportes, sienten mayor seguridad en temas relacionados.

Adaptación e improvisación: la habilidad para improvisar en temas de actualidad es fundamental, especialmente cuando los temas surgen inesperadamente.

Formación de opinión: no solo informan, sino que buscan aportar al debate un análisis equilibrado y bien contextualizado para que el público valore la discusión.

Reconocimiento de limitaciones: algunos tertulianos prefieren admitir cuándo desconocen un tema, evitando opiniones infundadas para proteger su credibilidad.

Presión para opinar: existe una presión en las tertulias para opinar sobre todos los temas, lo que lleva a algunos a expresar opiniones superficiales.

Dilema de honestidad vs. fluidez: aunque los directores valoran la fluidez, algunos tertulianos insisten en que la honestidad fortalece su relación con el público.

Improvisación irónica: algunos tertulianos improvisan sin suficiente conocimiento, lo cual puede generar momentos embarazosos, y hasta humorísticos, en los debates.

El papel del espectador: los espectadores suelen identificar cuándo un tertuliano improvisa y detectan fácilmente la falta de conocimiento.

Respeto al público: la falta de preparación es vista como una falta de respeto hacia el público, ya que el debate debe ofrecer contenido bien fundamentado y no simplemente opiniones al azar.

2

¿Consideras que el tertuliano está bien valorado?

Las opiniones sobre si los tertulianos están bien valorados reflejan una amplia gama de perspectivas. Hay quienes consideran que están «demasiado bien valorados», otros creen que el aprecio hacia ellos depende del tipo de tertulia en la que participan y su estilo personal. Algunos defienden que, en ciertas tertulias más serenas y equilibradas, los tertulianos son respetados, mientras que en otras, donde se busca la confrontación y el radicalismo, el prestigio puede verse gravemente perjudicado.

Se destaca la influencia del programa en el que participa el tertuliano. Por ejemplo, los que aparecen en espacios serios pueden recibir mejor valoración que aquellos en tertulias más polémicas. También hay críticas hacia la falta de preparación, ya que muchos tertulianos participan en varios medios sin suficiente tiempo para documentarse, lo que los lleva a recurrir a opiniones superficiales sin criterio ni sustento intelectual.

Por otro lado, algunos mencionan que la sobreexposición y la falta de especialización afectan a su credibilidad, aunque reconocen que hay tertulianos con un alto nivel de rigor que aportan valor. En general, la opinión pública parece dividirse entre quienes los siguen y aprecian, y quienes los ven como figuras sobrevaloradas o mal preparadas. Esto suele depender de las propias convicciones del espectador, muy dispuesto a creer lo que coincide con sus opiniones y creencias y rechazar todo aquello que no coincida. En este caso, eso de «es que es de los míos» funciona claramente.

En cuanto a la valoración pública, varios coinciden en que la percepción del tertuliano ha cambiado con el tiempo. Antes, se les veía como figuras con cierto prestigio, pero en la actualidad, su imagen se ha deteriorado, en muchos casos debido a la proliferación de tertulias en las que prima el espectáculo sobre la calidad del análisis.

Esto ha llevado a que se les critique por «opinar de todo, sin saber de nada», y que se prioricen las intervenciones polémicas por encima de aquellas fundamentadas en conocimiento y datos sólidos. No obstante, también hay quienes afirman que la audiencia sigue mostrando aprecio por aquellos tertulianos que destacan por su coherencia, serenidad y consistencia a lo largo del tiempo.

Otro aspecto relevante es la excesiva y asfixiante politización de las tertulias, lo que ha generado desconfianza entre el público. Algunos tertulianos se ven más como portavoces de partidos o ideologías que como analistas independientes. Esta falta de imparcialidad y la percepción de que muchos tertulianos siguen líneas partidistas estrictas, ha provocado que parte de la audiencia pierda confianza en ellos. Sin embargo, hay tertulianos que intentan mantener su independencia y prefieren no alinearse con ningún bando, aunque reconocen que esto puede generar dificultades para ser valorados y, en algunos casos, para seguir siendo llamados a participar en ciertos espacios.

Resumen en diez puntos del capítulo **¿Consideras que el tertuliano está bien valorado?**

Percepción polarizada: algunos los consideran «demasiado bien valorados», mientras que otros opinan que su valoración depende del tipo de tertulia y estilo personal.

Influencia del formato: los tertulianos en programas serios suelen ser más respetados que aquellos en espacios polémicos o enfocados en el espectáculo.

Preparación cuestionable: la falta de tiempo para documentarse lleva a algunos a emitir opiniones superficiales, debilitando su credibilidad.

Impacto de la sobreexposición: participar en múltiples medios y la falta de especialización afecta su prestigio, aunque algunos se destacan por su rigor.

División de la audiencia: su valoración varía según las creencias del público, que tiende a apreciar a quienes confirman sus propias opiniones y rechazar a quienes no lo hacen.

Deterioro de la imagen pública: con el tiempo, su prestigio ha disminuido debido a la proliferación de tertulias donde prima el espectáculo sobre el análisis profundo.

Politización excesiva: la tendencia a actuar como portavoces partidistas ha generado desconfianza entre el público, que percibe una falta de imparcialidad.

Valoración por la calidad: a pesar de las críticas, los tertulianos coherentes, serenos y consistentes siguen siendo apreciados por una parte de la audiencia.

Independencia vs. alineación: los tertulianos independientes enfrentan desafíos para ser valorados y mantenerse activos en ciertos espacios.

Evolución del formato: la búsqueda de polémica y confrontación ha eclipsado a los tertulianos que intentan ofrecer análisis fundamentados, erosionando la confianza en el colectivo.

3

¿TE SIENTES INTERRUMPIDO DURANTE TU INTERVENCIÓN?

Ah, la eterna danza de las interrupciones en las tertulias. Es un arte sutil, casi como un ballet, pero en vez de tutús, llevamos corbatas y seriedad. Por un lado, está el tertuliano que, en medio de su apasionado monólogo, se siente como si le estuvieran sacando de su trance sagrado cada vez que alguien lo interrumpe. «¿Por qué no me dejan terminar?» es el grito ahogado que resuena en su mente. Pero lo irónico es que, cuando él mismo lanza su dardo y corta la intervención del otro, siente que está haciendo un aporte al debate. «¡Espectáculo!», piensa, mientras observa cómo los demás asienten. Vaya hipocresía, ¿verdad?

Pero la realidad es que todo depende del formato. En ciertos programas, la cortesía parece ser la norma, mientras que en otros parece que se tratase de un concurso para ver quién grita más y con más mala leche. «¡Interrumpe, interrumpe!», es el lema tácito. Aquí, la interrupción no es solo aceptada, sino que se considera un aporte valioso.

Sin embargo, cuando es uno mismo quien está hablando, eso puede resultar un tanto exasperante. «¿Acaso no ven que estoy a punto de ofrecer la teoría de la relatividad en un tema sobre deportes?», se pregunta. Ah, la vida de un tertuliano es un juego de equilibrios.

Y no nos olvidemos de los moderadores, esos personajes que parecen tener la última palabra. A veces son como el árbitro de un partido de fútbol, pero en vez de sacar tarjetas amarillas, interrumpen a los tertulianos para dar su opinión. Y ahí es donde la cosa se complica. «¡Hola! ¡Yo también tengo algo que decir!». Y mientras uno se siente un poco como si lo estuvieran sacando de la línea de meta, los demás disfrutan de la algarabía. Es un juego curioso: un momento de frustración para algunos, y para otros, un deleite. «La televisión es espectáculo», se dice, y eso es algo que siempre queda claro.

Finalmente, la clave puede estar en reconocer que, aunque a veces las interrupciones puedan ser molestas, también son parte de la dinámica del debate. Pero, claro, hay quienes prefieren el estilo de tertulia educada, donde cada palabra cuenta y no se siente la necesidad de hablar por encima del otro. «¡Vamos a tener un diálogo fluido!», afirman. Pero, en la práctica, eso significa que al final terminan todos hablando al mismo tiempo, creando una sinfonía de voces que, a la larga, suena más a ruido que a música. Así que, en resumen, ¡a interrumpir se ha dicho! Pero que no se nos olvide ser un poco considerados de vez en cuando. ¡Que el arte de la interrupción no se convierta en un desorden total!

Resumen en diez puntos del capítulo **¿Te sientes interrumpido durante tu intervención?**

Doble rasero: los tertulianos suelen molestarse cuando los interrumpen, pero consideran sus propias interrupciones como aportes valiosos al debate.

Impacto del formato: en algunos programas predomina la cortesía, mientras que en otros se fomenta la interrupción como parte del espectáculo.

Frustración personal: al ser interrumpidos, los tertulianos sienten que se les impide desarrollar ideas clave, lo que puede ser exasperante.

Moderadores intervencionistas: algunos moderadores actúan como árbitros, interrumpiendo para dar su opinión, lo que puede intensificar la sensación de caos.

Espectáculo televisivo: la interrupción se considera parte del entretenimiento, aunque a menudo genera frustración entre los participantes.

Equilibrio difícil: las interrupciones son vistas como inevitables, pero hay un deseo de mantener cierto respeto para fomentar un debate fluido.

Diferencias de estilo: algunos tertulianos prefieren un formato educado y ordenado, mientras que otros se sienten más cómodos en un entorno caótico y competitivo.

Sinfonía de caos: cuando todos intentan hablar a la vez, el debate se convierte en una mezcla de voces difícil de seguir, perdiéndose el mensaje.

Dinámica inherente: las interrupciones son parte de la naturaleza de las tertulias, pero su exceso puede transformar el diálogo en ruido.

Consideración como clave: aunque las interrupciones son inevitables, un enfoque más respetuoso podría mejorar la calidad del debate y la experiencia para los espectadores.

4

¿Cuando acabas te quedas con la sensación de que te han faltado muchas cosas importantes por decir?

Al participar en tertulias, la sensación de dejar cosas importantes por decir es algo común, aunque no siempre sucede. En televisión, donde el tiempo es un recurso limitado, muchas veces uno se ve obligado a condensar ideas. Algunos días son más productivos que otros: hay momentos en los que la mente está más despejada y los argumentos fluyen con claridad, mientras que otros son más desafiantes, llenos de olvidos o distracciones. Es en esos días cuando uno se queda con la sensación de que podría haberse expresado mucho mejor.

La dinámica de la tertulia también influye en esta percepción. Con frecuencia, la escaleta o el formato de la intervención puede limitar el tiempo disponible para profundizar en ciertos puntos. Muchos participantes mencionan que la rapidez con la que se desarrolla el debate puede hacer que se pasen por alto aspectos pedagógicos importantes. Sin embargo, quienes están bien preparados y conocen el tema suelen encontrar formas de retomar lo esencial y dirigir la conversación hacia los puntos clave.

Algunos tertulianos sienten que la clave está en una preparación adecuada, donde pueden organizar sus ideas antes de comenzar a hablar. Priorizar los argumentos y centrarse en lo más relevante puede ayudar a evitar la frustración de no haber dicho lo que realmente querían. Esto no siempre garantiza que se logre el objetivo, pero muchos consideran que, al menos, tienen una mejor oportunidad de expresar sus opiniones y análisis de manera efectiva.

Por otro lado, hay quienes afirman que, a pesar de la preparación, el tiempo puede seguir siendo un enemigo. Especialmente en televisión, la necesidad de ser concisos y claros puede hacer que se pierdan matices y detalles importantes.

Sin embargo, también reconocen que la radio permite una mayor profundidad en los argumentos, ya que el formato es menos restrictivo y ofrece más tiempo para desarrollar ideas.

Al final del día, casi todos los tertulianos coinciden en que, aunque a menudo quedan cosas por decir, la experiencia y la preparación son aliados valiosos para una participación efectiva.

Resumen en diez puntos del capítulo **¿Cuando acabas te quedas con la sensación de que te han faltado muchas cosas importantes por decir?**

Frecuencia variable: es común sentir que quedan cosas importantes sin decir, aunque no ocurre siempre.

Restricción del tiempo: en televisión, el tiempo limitado obliga a condensar ideas, lo que puede dejar fuera puntos clave.

Influencia del día: la claridad mental y la fluidez de los argumentos varían, afectando la capacidad de expresarse completamente.

Formato y escaleta: la estructura del programa a menudo limita la profundidad de las intervenciones, dejando temas relevantes sin abordar.

Importancia de la preparación: organizar y priorizar ideas ayuda a minimizar la frustración por omisiones.

Desafío de la concisión: ser claro y breve, como exige la televisión, puede sacrificar matices importantes.

Ventajas de la radio: el formato radiofónico permite más tiempo y profundidad, reduciendo la sensación de haber omitido puntos esenciales.

Impacto de la dinámica: los debates rápidos pueden pasar por alto aspectos pedagógicos o analíticos valiosos.

Experiencia como aliado: los tertulianos experimentados manejan mejor el tiempo y retoman lo esencial con más eficacia.

Aceptación personal: aunque a menudo se quedan cosas por decir, una preparación adecuada y la experiencia ayudan a mejorar la intervención y reducir la frustración.

5

¿SE TE PIDE UN TONO CON EL QUE NO ESTÁS DE ACUERDO (SER BELIGERANTE, CONTROVERTIDO, AGRESIVO, ETC.)?

En el mundo de las tertulias, la libertad de expresión y el estilo personal son fundamentales. Muchos tertulianos afirman que nunca se les ha pedido que adopten un tono beligerante o agresivo en sus intervenciones. Para ellos, la autenticidad es clave, y la posibilidad de expresar sus opiniones de manera fiel a su estilo personal es una de las razones por las que participan en estos debates.

La idea de obligar a alguien a adoptar una actitud que no le resulta natural genera un rechazo significativo, ya que atenta contra la autenticidad y la individualidad de cada persona, aunque esto también depende de cuánto te paguen por asistir a esa tertulia.

Obligar a adoptar actitudes en las que no creemos es un concepto que se enfrenta a la creencia de que cada individuo tiene su propio estilo y enfoque que lo distingue y define, y tratar de imponer una actitud forzada puede resultar contraproducente.

Las personas tienden a sentirse más cómodas y seguras cuando actúan en coherencia con su personalidad y valores, lo que refuerza su confianza y credibilidad. En este sentido, forzar una actitud contraria a su naturaleza no solo puede generar incomodidad, sino también disminuir su efectividad en la comunicación y las relaciones.

Además, la autenticidad es clave para establecer conexiones genuinas con los demás, ya que las personas suelen percibir cuando alguien no está siendo fiel a sí mismo. Por eso, muchos prefieren abrazar sus fortalezas naturales en lugar de intentar encajar en un molde que no les pertenece.

Esto no significa que no se pueda trabajar en mejorar ciertos aspectos o desarrollar nuevas habilidades. Sin embargo, cualquier cambio o adaptación debe partir de una base auténtica, respetando la esencia de cada persona. De lo contrario, existe el riesgo de que el esfuerzo por adoptar una actitud impuesta termine siendo artificial y, por tanto, menos efectiva.

En conclusión, el rechazo a forzar actitudes responde a un deseo de preservar la autenticidad, reconociendo que el verdadero crecimiento y desarrollo personal surgen de un equilibrio entre la naturaleza propia y las adaptaciones necesarias para alcanzar objetivos. La autenticidad, al final, no solo es más respetada, sino también más sostenible a largo plazo.

Hay tertulianos que han sido invitados a programas de enfoque muy controvertido y han preferido no asistir, aunque son los menos. Casi todos afirman que no aceptarían condiciones que limiten su libertad de expresión, ya que eso podría comprometer su integridad. Las historias de quienes han abandonado programas en el pasado por la presión de adoptar un tono poco natural se producen regularmente. Esas experiencias refuerzan la idea de que es preferible no participar a traicionar sus principios.

Sin embargo, existe un reconocimiento de que, en ciertos medios, especialmente en aquellos que priorizan el espectáculo sobre la sustancia, se espera un enfoque más agresivo. En estos

ESTHER ROMERO Y JUANMA ROMERO

espacios, algunas personas sienten que el debate se enfoca más al espectáculo que a la información. Es en estas situaciones donde se hace evidente que no todos los formatos son adecuados para todos los tertulianos.

En general, los participantes de tertulias prefieren entornos donde se respete su estilo y se valore su conocimiento. La expectativa de mantener un tono personal y auténtico, junto con el respeto hacia los demás panelistas, es lo que les permite sentirse cómodos en su papel. Así, algunos se muestran decididos a mantenerse fiel a su forma de ser, priorizando un debate respetuoso y enriquecedor sobre cualquier exigencia externa que pueda poner en riesgo su integridad.

Resumen en diez puntos del capítulo **¿Se te pide un tono con el que no estás de acuerdo (ser beligerante, controvertido, agresivo, etc.)?**

Libertad de expresión: muchos tertulianos afirman que nunca se les ha pedido adoptar un tono agresivo, valorando la autenticidad como base de sus intervenciones.

Rechazo a la imposición: forzar actitudes contrarias al estilo natural de una persona genera incomodidad y puede afectar la credibilidad y la confianza.

Importancia de la autenticidad: ser fiel a uno mismo es esencial para establecer conexiones genuinas y mantener la coherencia personal.

Riesgo de artificialidad: cambiar el tono sin respetar la esencia personal puede resultar en una comunicación menos efectiva y superficial.

Evitando programas controvertidos: algunos tertulianos rechazan participar en espacios que priorizan el espectáculo o exigen un enfoque polémico.

Conflicto entre espectáculo y sustancia: en ciertos medios, se prioriza un tono beligerante para atraer audiencias, lo que genera rechazo en algunos participantes.

Impacto en la integridad: la presión para adoptar tonos artificiales puede llevar a la pérdida de la libertad de expresión y al compromiso de los valores personales.

Historias de resistencia: algunos han abandonado programas por presiones similares, reforzando la idea de priorizar principios sobre exigencias externas.

Diferencias entre formatos: los tertulianos valoran más los entornos que respetan su conocimiento y estilo personal, en lugar de buscar el conflicto como entretenimiento.

Enfoque en debates constructivos: prefieren entornos donde prime el respeto, se fomente la autenticidad y se valore un intercambio de ideas enriquecedor y profesional.

6

¿SUELEN DAROS CRITERIOS DE ALGÚN TIPO EN LAS TERTULIAS EN LAS QUE PARTICIPAS (ORIENTACIÓN DE VUESTRAS RESPUESTAS, DURACIÓN DE LAS MISMAS O SIMILAR)?

La dinámica de las tertulias a menudo genera interrogantes sobre la libertad de expresión y la autenticidad de las intervenciones de los tertulianos. Un aspecto notable es que muchos participantes afirman no recibir directrices sobre la orientación de sus respuestas, lo que resulta fundamental para preservar la integridad del debate.

Sin embargo, se menciona que algunos tertulianos, en particular aquellos con afinidades políticas, suelen recibir «argumentarios» que les guían en la dirección de sus intervenciones. Esto nos plantea la preocupación de que el discurso se esté moldeando según intereses políticos, lo que puede desvirtuar el propósito original de la tertulia: informar y debatir de manera abierta y sincera.

En términos de duración, hay un consenso general sobre la importancia de la brevedad en las intervenciones. Muchos destacan que la televisión tiene un ritmo propio que requiere intervenciones concisas para mantener la atención de la audiencia. Sin embargo, esta necesidad de agilidad no debería comprometer la profundidad del contenido.

La tensión entre ofrecer un análisis sustancial y adaptarse a las limitaciones del formato es un desafío constante para los tertulianos. La agilidad puede enriquecer el debate, pero solo si se logra encontrar un equilibrio adecuado.

A pesar de las exigencias relacionadas con la duración, suele haber cierta resistencia a aceptar orientaciones sobre el contenido de las respuestas. Los tertulianos afirman que recibir instrucciones sobre lo que deben decir va en contra de su integridad profesional y de la responsabilidad que conlleva ser un analista.

Este principio se sostiene como un valor fundamental en el ejercicio del periodismo, donde la capacidad de opinar y reflexionar debe estar basada en la preparación y el conocimiento, no en el cumplimiento de guiones preestablecidos.

Finalmente, la percepción de que muchos periodistas asisten a las tertulias con «argumentarios dictados» demuestra la necesidad de una reflexión crítica sobre el papel del periodismo en el ámbito mediático actual. La autenticidad y la credibilidad son esenciales, y los tertulianos deben esforzarse por ofrecer un análisis informado y sincero.

Es fundamental mantener siempre un compromiso con la verdad y la rigurosidad en todas las intervenciones. La capacidad de hablar desde el conocimiento y la experiencia es lo que, en última instancia, dignifica la profesión y mejora la calidad del debate público.

Resumen en diez puntos del capítulo **¿Suelen daros criterios de algún tipo en las tertulias en las que participas (orientación de vuestras respuestas, duración de las mismas o similar)?**

Libertad en las respuestas: muchos tertulianos aseguran no recibir directrices sobre la orientación de sus intervenciones, preservando la autenticidad del debate.

Uso de argumentarios: algunos participantes, especialmente con afinidades políticas, reciben «argumentarios» que influyen en sus respuestas, lo que puede desvirtuar el propósito de la tertulia.

Duración limitada: la televisión exige intervenciones breves y ágiles para captar la atención de la audiencia, aunque esto puede afectar la profundidad del análisis.

Equilibrio necesario: encontrar un punto medio entre brevedad y sustancia es un reto constante para mantener un debate enriquecedor y atractivo.

Resistencia a directrices: la mayoría de los tertulianos rechaza orientaciones sobre el contenido de sus respuestas, valorando su independencia profesional.

Ética profesional: los tertulianos consideran que su responsabilidad es opinar basándose en conocimiento y preparación, no en guiones predefinidos.

Críticas al periodismo: la percepción de que algunos periodistas siguen «argumentarios dictados» resalta la necesidad de mayor autenticidad en el ámbito mediático.

Compromiso con la verdad: la integridad profesional implica hablar desde la experiencia y el conocimiento, garantizando la calidad del debate público.

Credibilidad y rigor: la autenticidad y la preparación son esenciales para mantener la confianza del público y dignificar el papel del tertuliano.

Desafío continuo: adaptarse al formato mediático sin sacrificar la esencia del análisis riguroso es clave para fortalecer la relevancia de las tertulias.

7

¿Durante el debate tomas iniciativas de derivar el tema que se trata hacia otro diferente?

Durante los debates, muchos tertulianos consideran que, aunque es importante centrarse en el tema propuesto, a veces es inevitable desviar la conversación hacia aspectos relacionados que puedan enriquecer el análisis.

Algunos argumentan que, si un nuevo enfoque puede aportar valor a la discusión, es casi una obligación hacerlo. Sin embargo, el desafío radica en equilibrar lo que es relevante con lo que es interesante para la audiencia, evitando caer en desviaciones que no aporten sustancia al debate.

La mayoría de los participantes en tertulias reconoce la importancia de seguir el liderazgo del moderador y del director del programa. Para muchos, cambiar de tema sin justificación puede ser visto como una falta de respeto hacia la estructura del debate y hacia los otros tertulianos.

La opinión común es que el conductor debe guiar la conversación, y que cada tertuliano debe contribuir dentro del marco establecido, sin forzar un cambio de dirección a menos que sea necesario y pertinente.

Aun así, hay quienes afirman que a veces puede ser beneficioso introducir un aspecto diferente, especialmente si se considera que ese nuevo elemento puede enriquecer la discusión. Algunos tertulianos sienten que esta estrategia puede ayudar a revitalizar un tema que ha comenzado a agotarse, aportando nuevas perspectivas que pueden interesar a los espectadores. La clave, según ellos, está en hacerlo de manera respetuosa y considerada.

Finalmente, la mayoría coincide en que la capacidad de aportar algo nuevo al debate es valiosa, siempre que se haga sin perder de vista el hilo conductor establecido. Al final del día, todos deberían haber buscado mantener un ambiente constructivo que favorezca un diálogo enriquecedor, donde las intervenciones sean pertinentes y se respeten las dinámicas del programa.

Resumen en diez puntos del capítulo **¿Durante el debate tomas iniciativas de derivar el asunto que se trata hacia otro diferente?**

Desviaciones enriquecedoras: algunos tertulianos consideran útil desviar el tema hacia aspectos relacionados si esto aporta valor al debate.

Equilibrio entre relevancia e interés: es importante discernir entre lo que es relevante para el tema central y lo que simplemente podría ser interesante.

Respeto a la estructura: cambiar de tema sin una justificación clara puede percibirse como una falta de respeto hacia el moderador y los demás participantes.

Rol del moderador: se reconoce al conductor como responsable principal de guiar la conversación y mantener el enfoque del programa.

Contribuciones dentro del marco: los tertulianos prefieren ajustarse al tema planteado, introduciendo nuevas perspectivas solo si son pertinentes.

Revitalización del debate: introducir un nuevo enfoque puede ser valioso para reactivar una conversación que está perdiendo dinamismo.

Estrategia cuidadosa: cambiar de dirección debe hacerse de manera respetuosa y reflexiva, evitando interrupciones innecesarias.

Pertinencia y respeto: la mayoría coincide en que cualquier desvío debe contribuir al propósito del debate, respetando las dinámicas establecidas.

Enriquecimiento del diálogo: aportar nuevas perspectivas es bienvenido, siempre que no comprometa la cohesión del tema central.

Ambiente constructivo: los debates efectivos requieren intervenciones que equilibren creatividad y respeto por la estructura del programa.

8

Hay gente que dice que quiere ser tertuliano porque puede hablar de todo. ¿Qué reflexión te provoca esto?

La afirmación de que se puede hablar de todo en una tertulia revela una profunda falta de comprensión sobre el papel del tertuliano y el rigor que debería acompañar a esta labor. La idea de ser un «todólogo» se presenta como una frivolidad que menoscaba no solo la credibilidad de los participantes, sino también la calidad del debate en sí.

Hablar sin conocimiento de causa no solo conduce a opiniones vacías y generalidades, sino que también perpetúa la idea de que cualquier voz es igual de válida, independientemente de su preparación o experiencia. Este fenómeno resulta en un desprestigio del periodismo y de aquellos que realmente se dedican a investigar y analizar.

Por otro lado, la cultura del «hablar de todo» facilita que charlatanes sin formación ocupen espacios que deberían ser reservados para expertos y personas con dos dedos de frente. Esto crea un efecto perjudicial en la audiencia, que busca información y análisis fundamentados, y que se encuentra en cambio con opiniones sin base, lo que a largo plazo puede generar desconfianza en los medios.

Esta dinámica es un claro reflejo de la superficialidad que, en muchos casos, define el formato de las tertulias, donde los discursos interminables y la verborrea suelen prevalecer sobre el contenido realmente sustancial. En lugar de ofrecer un análisis profundo y reflexivo sobre los temas tratados, se da preferencia a intervenciones rápidas, cargadas de opiniones sin fundamento o sin un desarrollo adecuado.

Este enfoque, centrado más en la cantidad de palabras que en la calidad de los argumentos, empobrece la conversación y limita la capacidad del público para obtener información valiosa. La tendencia a priorizar el espectáculo sobre la reflexión contribuye a crear un ambiente en el que la verdadera discusión se ve opacada por la necesidad de captar atención. Al final, el debate pierde su propósito original de enriquecer el entendimiento y se convierte en un espacio para la inmediatez y la superficialidad.

Es cierto que muchos periodistas tienen la capacidad de comunicar eficazmente, pero eso no significa que deban aventurarse a opinar sobre temas fuera de su campo de conocimiento. La responsabilidad de un buen tertuliano radica en seleccionar con cuidado los temas que aborda y en ser honesto sobre sus limitaciones. Hablar solo de lo que se conoce y en profundidad es una norma básica que no debería ser ignorada, ya que traspasar esas líneas no solo es poco ético, sino que también compromete la integridad del discurso público.

Esta situación pone de relieve la necesidad de una reflexión seria sobre el papel de las tertulias en el panorama mediático actual. Si la mayoría de los participantes en estos debates no están dispuestos a reconocer sus limitaciones y a preparar sus intervenciones adecuadamente, la calidad del debate se verá irremediablemente afectada. La superficialidad no puede ser la norma; el periodismo debe aspirar a la excelencia, y eso implica no solo informar, sino hacerlo con conocimiento, rigor y respeto hacia la audiencia.

Resumen en diez puntos del capítulo **Hay gente que dice que quiere ser tertuliano porque puede hablar de todo. ¿Qué reflexión te provoca esto?**

La afirmación de que un tertuliano puede hablar de todo refleja una falta de comprensión del rigor necesario para esta labor.

El concepto de ser un «todólogo» menoscaba la credibilidad de los tertulianos y empobrece el debate.

Hablar sin conocimiento produce opiniones vacías y generalizadas, afectando la calidad de la información.

La cultura del «hablar de todo» facilita la presencia de personas sin formación, lo que perjudica a la audiencia que busca análisis fundamentados.

El desprestigio del periodismo se ve agravado por este fenómeno, particularmente para aquellos profesionales que se dedican a investigar y ofrecer análisis profundos.

Las tertulias se ven marcadas por la superficialidad, con intervenciones más centradas en la cantidad que en la calidad.

La tendencia de priorizar el espectáculo sobre la reflexión empobrece la conversación y limita el entendimiento del público.

Los periodistas deben ser responsables y evitar opinar sobre temas fuera de su campo de conocimiento.

La responsabilidad del tertuliano es seleccionar los temas con cuidado y ser honesto sobre sus limitaciones.

La superficialidad en las tertulias afecta negativamente la calidad del debate, por lo que es necesario aspirar a un periodismo con rigor y respeto hacia la audiencia.

9

¿Qué ventajas e inconvenientes te plantea que te digan que tienes un tiempo limitado?

La limitación de tiempo en las tertulias puede ser un arma de doble filo, pero la mayoría de los tertulianos parece inclinarse hacia la visión de que esta restricción trae más ventajas que desventajas. En primer lugar, se valora cómo un tiempo limitado obliga a ser más ordenado y disciplinado en la presentación de ideas. Esto se traduce en un ejercicio de síntesis que no solo mejora la calidad de la intervención, sino que también ayuda a mantener la atención del espectador. La necesidad de ser conciso fomenta la claridad en la comunicación, permitiendo que los mensajes se expresen de forma efectiva y directa.

Sin embargo, también se reconocen inconvenientes asociados a esta dinámica. La sensación de no haber podido desarrollar plenamente un argumento o de no haber abordado todos los matices de un tema complejo puede resultar frustrante para algunos. En particular, aquellos que se enfrentan a asuntos con múltiples aristas pueden sentir que la profundidad de su análisis se ve comprometida. Este riesgo de superficialidad se convierte en una preocupación, especialmente en un entorno donde la complejidad a menudo requiere un tratamiento más exhaustivo.

Otra cuestión relevante es que, aunque el control del tiempo es esencial para mantener un ritmo adecuado en la tertulia, puede resultar en una experiencia desigual. Algunos tertulianos pueden ser más propensos a sobrepasar el tiempo asignado, mientras que otros deben ceñirse estrictamente a las limitaciones impuestas. Esto puede crear una sensación de injusticia en la dinámica del debate, donde la calidad de las intervenciones se ve afectada por la rigidez de la estructura.

La experiencia en el ámbito periodístico se destaca como un factor clave. Muchos tertulianos afirman que, al tener que adaptarse a las reglas establecidas, desarrollan habilidades de síntesis que les permiten comunicar ideas complejas de manera efectiva. En este sentido, el tiempo limitado no se percibe como una restricción, sino como una oportunidad para mejorar la capacidad de análisis y la expresión.

En última instancia, el desafío radica en equilibrar la necesidad de ser conciso con el deseo de profundizar en temas significativos. Aunque la limitación de tiempo puede prevenir discursos interminables y fomentar una discusión más dinámica, es crucial que los tertulianos sigan comprometidos con la calidad de su contenido y eviten caer en la tentación de ofrecer opiniones vacías que, aunque efectistas, carecen de sustancia. La clave está en encontrar formas de sintetizar sin sacrificar la profundidad, para que el debate siga siendo enriquecedor y respetuoso con la inteligencia del espectador.

Resumen en diez puntos el capítulo **¿Qué ventajas e inconvenientes te plantea que te digan que tienes un tiempo limitado?**

Ventajas

Fomenta la síntesis: un tiempo limitado obliga a concentrar las ideas, haciéndolas más claras y concisas.

Aumenta la productividad: motiva a trabajar con mayor rapidez para cumplir los objetivos establecidos.

Impulsa la priorización: el enfoque se centra en lo esencial, eliminando distracciones y tareas innecesarias.

Desarrolla habilidades organizativas: gestionar bien el tiempo se convierte en una prioridad, mejorando la planificación.

Estimula la creatividad: la presión del tiempo fomenta soluciones innovadoras y originales.

Inconvenientes

Genera estrés: la presión por cumplir con plazos estrictos puede provocar ansiedad y tensiones.

Decisiones precipitadas: actuar rápidamente a veces lleva a errores o decisiones mal fundamentadas.

Disminución de la atención a detalles: la prisa puede hacer que se pasen por alto aspectos importantes.

Impacto en la calidad del debate: con menos tiempo, las discusiones pueden volverse superficiales o incompletas, afectando la profundidad de los análisis.

Falta de reflexión estratégica: enfoque excesivo en la acción inmediata, dejando de lado la planificación a largo plazo.

10

¿Qué diferencia encuentras entre una tertulia de radio y otra de televisión? ¿Y las tertulias en directo con público en la sala?

Las diferencias entre las tertulias de radio y televisión son notables y afectan tanto al formato como a la dinámica de las intervenciones. En general, muchos participantes consideran que las tertulias de radio ofrecen una atmósfera más relajada e íntima, donde el énfasis está en el contenido y la argumentación. Esto permite un análisis más profundo y una mayor flexibilidad en la duración de las intervenciones. La ausencia de cámaras y la necesidad de cuidar la imagen hacen que los tertulianos puedan centrarse más en lo que dicen que en cómo lo dicen.

En contraste, las tertulias de televisión introducen una serie de elementos que transforman la experiencia. La necesidad de prestar atención a la apariencia, el lenguaje corporal y otros aspectos visuales puede añadir presión, lo que a menudo lleva a una mayor concisión en las intervenciones. Algunos tertulianos mencionan que, aunque el formato televisivo puede ser más ágil y directo, también puede ser un reto mayor debido a la importancia del lenguaje no verbal. En este sentido, la interacción con el público se convierte en un factor adicional que puede enriquecer o complicar el debate.

Las tertulias en directo con público son vistas de manera diversa. Para algunos, el público añade calidez y dinamismo al programa, proporcionando un sentido de interacción que puede hacer la experiencia más gratificante. Sin embargo, también hay preocupaciones sobre cómo la presencia del público puede influir en las intervenciones de los tertulianos, llevando a algunos a buscar la aprobación o los aplausos de manera demagógica. Este fenómeno puede desvirtuar la calidad del debate, convirtiéndolo en un espectáculo en lugar de una discusión profunda.

La gestión del tiempo y el ritmo es otro aspecto importante. En radio, las intervenciones suelen ser más largas, permitiendo una exploración más completa de los temas. En televisión, la presión del tiempo puede hacer que se sacrifiquen matices importantes, lo que a menudo conduce a una simplificación excesiva de las ideas. Algunos tertulianos afirman que esta necesidad de ser concisos puede, a su vez, fomentar una mayor claridad y eficacia en la comunicación.

Finalmente, la relación con el público, ya sea en el estudio o a través de redes sociales, también se menciona como un elemento relevante. La inmediatez de la retroalimentación en las plataformas digitales proporciona una conexión diferente que puede influir en la dinámica de las tertulias, tanto en radio como en televisión.

En resumen, aunque cada formato tiene sus propias ventajas e inconvenientes, la elección entre radio y televisión, así como la presencia de público, depende en gran medida de las preferencias individuales de los tertulianos y de los objetivos del programa.

11

¿QUÉ PIENSAS QUE LE SOBRA A UNA TERTULIA Y A UN TERTULIANO?

Las opiniones sobre lo que le sobra a una tertulia y a un tertuliano varían, pero hay ciertos puntos comunes que emergen de las respuestas. Aquí tienes un resumen de las críticas más frecuentes:

Lo que le sobra a una tertulia

Virulencia y griterío: muchos coinciden en que la agresividad y la falta de respeto son elementos negativos, lo que a menudo conduce a debates poco constructivos y superficiales.

Falta de preparación: se señala que algunos tertulianos no se preparan adecuadamente, llegando incluso a no haber leído los temas de los que van a hablar. Esto reduce la calidad del análisis y del debate.

Superficialidad y falta de rigor: algunos critican que muchas tertulias tratan los temas de manera superficial, olvidando el análisis profundo que se espera en este formato.

Partidismo y politiquería: existe una queja general sobre la predominancia de discursos políticos sesgados, donde se repiten argumentarios de partidos en lugar de ofrecer opiniones fundamentadas.

Formato y duración: a menudo, se menciona que algunas tertulias son demasiado largas y pierden el interés, sugiriendo que un formato más breve podría ser más efectivo.

Lo que le sobra a un tertuliano

Prepotencia y vanidad: muchos señalan que algunos tertulianos tienden a querer imponerse o a construir una imagen que no corresponde con su opinión real, lo que puede llevar a debates poco sinceros.

Argumentos sin fundamento: hay una crítica a los tertulianos que opinan sobre temas que no dominan, lo que puede resultar en desinformación o en análisis erróneos.

Agresividad y demagogia: se menciona que algunos tertulianos adoptan un tono agresivo o buscan la aprobación del público a través de discursos populistas, en lugar de presentar un análisis riguroso.

Actitud de espectáculo: algunos tertulianos se comportan más como actores en un espectáculo que como analistas serios, lo que puede distraer del contenido y la profundidad que se espera de una tertulia.

Reflexiones sobre el tema

Tanto las tertulias como los tertulianos se enfrentan a críticas relacionadas con la falta de seriedad, la superficialidad y la falta de preparación. El deseo de proporcionar un debate constructivo y fundamentado es lo que parece faltar en muchos de los formatos actuales, y hay un llamado a que tanto los moderadores como los tertulianos se esfuercen por elevar el nivel del debate, priorizando la argumentación y el análisis en lugar del espectáculo y la confrontación.

12

¿Qué le falta a una tertulia y a un tertuliano?

Las opiniones sobre lo que le falta a las tertulias y a los tertulianos reflejan la búsqueda de un debate más riguroso, informado y constructivo. Aquí tienes un resumen de las principales carencias mencionadas:

Lo que le falta a una tertulia

Analistas y conocimiento: muchas tertulias carecen de expertos que aporten análisis profundos y un conocimiento sólido sobre los temas tratados, lo que enriquece el debate.

Rigor y preparación: se señala la necesidad de que los participantes lleguen preparados, con información contrastada y datos fiables. La falta de preparación puede llevar a comentarios erróneos y a debates poco fundamentados.

Pluralidad de opiniones: a menudo, se echa en falta una diversidad de voces que no se limiten a posturas políticas específicas (como pro PP o pro PSOE), lo que limitaría la profundidad del análisis.

Sosiego y buen tono: se menciona que el ambiente de algunas tertulias puede generar excesiva confrontación y enfrentamiento, haciendo falta una atmósfera más tranquila y respetuosa para el diálogo.

Originalidad y variedad temática: algunas tertulias tienden a centrarse en los mismos temas de actualidad, lo que puede hacer que se vuelvan monótonas. La incorporación de asuntos menos comunes podría revitalizar el formato.

Rigor informativo y la verificación de los hechos: la implementación de un equipo encargado de verificar hechos y datos en tiempo real podría mejorar la calidad del debate y aumentar la credibilidad de las opiniones expresadas.

Lo que le falta a un tertuliano

Libertad de expresión: se menciona que muchos tertulianos sienten que no pueden expresar sus opiniones sinceras debido a la presión del medio al que representan.

Humildad y autoevaluación: se sugiere que los tertulianos deberían reconocer sus limitaciones y ser más humildes en su discurso, en lugar de pretender saberlo todo.

Criterio propio y conocimiento: a menudo se señala que los tertulianos repiten argumentarios en lugar de aportar opiniones informadas y originales, lo que puede afectar la calidad del debate.

Sentido del humor: la falta de humor y empatía hacia la audiencia se menciona como un área de mejora, ya que un enfoque más ligero podría hacer que las discusiones sean más amenas.

Capacidad de escucha: muchos tertulianos no dejan espacio suficiente para que otros hablen, lo que impide un verdadero intercambio de ideas.

Reflexiones sobre el tema

En conjunto, tanto las tertulias como los tertulianos necesitan centrarse más en la preparación, el respeto y la diversidad de voces. El fomento de un ambiente en el que se valore la argumentación sólida y la pluralidad podría enriquecer significativamente la calidad de los debates mediáticos.

13

¿Tú crees que es consciente el tertuliano de que en muchas ocasiones alarga sus intervenciones, innecesariamente, y eso perjudica su exposición y puede provocar una caída momentánea de la audiencia?

Las opiniones sobre la consciencia que tienen los tertulianos acerca de la duración de sus intervenciones y su impacto en la audiencia son variadas, y muchos coinciden en que la mayoría no es consciente de que sus aportaciones son excesivamente largas y, a menudo, innecesarias. Muchos tertulianos creen que sus intervenciones son vitales para el programa y que la audiencia las agradecerá, sin darse cuenta de que su prolongación puede afectar la calidad del debate.

La importancia del moderador en la dinámica de la tertulia se destaca como un elemento crucial, ya que varios opinan que es responsabilidad del moderador gestionar el tiempo y las intervenciones, evitando que los tertulianos se enrollen demasiado. Sin embargo, no todos los tertulianos son iguales, y algunos son más conscientes de la necesidad de ser breves y claros, mientras que otros se dejan llevar por la necesidad de expresarse, extendiéndose más de lo necesario.

La vanidad y el ego también juegan un papel importante, ya que algunos tertulianos no reconocen que sus intervenciones son largas debido a su creencia de que tienen la razón absoluta. Están tan concentrados en lo que están diciendo que no perciben cómo su exposición puede estar afectando el ritmo del programa o la atención de la audiencia. Esto provoca un desgaste en los espectadores, que puede traducirse en una caída momentánea de la audiencia.

Finalmente, muchos coinciden en que las intervenciones deberían ser breves, directas y al grano para mantener el interés de la audiencia y enriquecer el debate. La percepción del tiempo y la duración de las intervenciones suele ser más clara para quienes no están hablando en ese momento, es decir, para la audiencia y los demás tertulianos. Fomentar una cultura que valore la síntesis y la claridad beneficiaría tanto la calidad del debate como la retención de la audiencia.

Resumen en diez puntos del capítulo **¿Tú crees que es consciente el tertuliano de que en muchas ocasiones alarga sus intervenciones, innecesariamente, y eso perjudica su exposición y puede provocar una caída momentánea de la audiencia?**

Inconsciencia de la duración: muchos tertulianos no son conscientes de que sus intervenciones son excesivamente largas y a menudo innecesarias.

Percepción errónea de valor: creen que sus aportaciones son esenciales y que la audiencia las agradecerá, ignorando el impacto negativo de su extensión.

Papel del moderador: la gestión del tiempo y las intervenciones depende en gran medida del moderador, quien debe controlar estas situaciones.

Diversidad de estilos: no todos los tertulianos son iguales; algunos son más breves y claros, mientras otros tienden a extenderse.

Ego y vanidad: la creencia en la propia infalibilidad lleva a algunos tertulianos a prolongar sus intervenciones, pensando que son indispensables.

Impacto en el ritmo: intervenciones largas afectan el dinamismo del programa y la calidad del debate.

Fatiga de la audiencia: los espectadores pueden perder interés o desconectarse momentáneamente debido a las exposiciones extensas.

Necesidad de brevedad: las intervenciones deberían ser directas y concisas para mantener el interés y enriquecer el debate.

Perspectiva externa: la duración de las intervenciones es más evidente para la audiencia y los demás participantes que para el tertuliano que está hablando.

Fomento de la síntesis: valorar la claridad y la brevedad mejoraría tanto la retención de la audiencia como la calidad del programa.

14

¿HAS REALIZADO ALGÚN TIPO DE ENTRENAMIENTO PARA PARTICIPAR EN TERTULIAS (LENGUAJE VERBAL, NO VERBAL, PARAVERBAL, CÓMO INTERVENIR, CORTAR A OTRO TERTULIANO CUANDO ESTÁ EN EL USO DE LA PALABRA, ETC.)? ¿SERÍA NECESARIA ESA FORMACIÓN?

La mayoría de los tertulianos consultados afirman no haber realizado ningún tipo de entrenamiento específico para participar en tertulias, como formación en lenguaje verbal o no verbal, gestión de tiempos, o técnicas para intervenir adecuadamente.

Muchos se sienten cómodos con su forma de expresarse y consideran que la experiencia y la práctica les han permitido aprender de manera autodidacta a lo largo de los años. Sin embargo, también hay quienes reconocen la importancia de reflexionar sobre sus intervenciones y buscan mejorar observando sus propias participaciones en los debates.

Por otro lado, la mayoría coincide en que sería beneficioso recibir algún tipo de formación para mejorar la efectividad de las intervenciones en televisión y radio. Aunque algunos opinan que la naturalidad es clave y que la preparación podría restar espontaneidad, otros reconocen que hay técnicas de comunicación que podrían ayudar a expresar opiniones de manera más clara y comprensible para la audiencia. Sin embargo, este entrenamiento debería centrarse en aspectos prácticos y no convertirse en una forma de actuación que comprometa la autenticidad del periodista.

A pesar de la resistencia de algunos tertulianos hacia la formación formal, hay consenso en que el conocimiento del tema es fundamental. Muchos argumentan que el principal problema de los tertulianos no radica en su capacidad de comunicación, sino en la calidad y la relevancia de los mensajes que transmiten. Se destaca que una sólida experiencia profesional y un buen dominio de los temas tratados son esenciales para enriquecer el debate y captar la atención de la audiencia.

En conclusión, aunque la mayoría de los tertulianos no ha buscado activamente formación en técnicas de comunicación, muchos reconocen que mejorar en este aspecto podría ser beneficioso. La naturalidad y la espontaneidad son valoradas, pero también se subraya la necesidad de conocimientos profundos y actualizados sobre los temas que se abordan, lo cual es esencial para mantener la credibilidad y el interés del público. A medida que evolucionan los formatos de debate, quizás la formación en comunicación se convierta en un complemento importante para quienes buscan destacar en este ámbito.

Resumen en diez puntos del capítulo **¿Has realizado algún tipo de entrenamiento para participar en tertulias (lenguaje verbal, no verbal, paraverbal, cómo intervenir, cortar a otro tertuliano cuando está en el uso de la palabra, etc.)? ¿Sería necesaria esa formación?**

Falta de entrenamiento formal: la mayoría de los tertulianos no ha recibido formación específica en comunicación verbal, no verbal o paraverbal.

Aprendizaje autodidacta: muchos creen que la experiencia y la práctica han sido suficientes para desarrollar sus habilidades.

Reflexión personal: algunos buscan mejorar revisando sus participaciones y reflexionando sobre sus intervenciones.

Valor de la formación: existe consenso en que un entrenamiento adecuado podría mejorar la efectividad de las intervenciones.

Debate sobre espontaneidad: algunos temen que la formación formal pueda comprometer la naturalidad de las intervenciones.

Énfasis en la claridad: las técnicas de comunicación podrían ayudar a expresar opiniones de manera más clara y comprensible.

Importancia de la autenticidad: la formación debe enfocarse en aspectos prácticos, sin comprometer la autenticidad del tertuliano.

Relevancia del conocimiento: el problema principal no es la comunicación, sino la calidad y profundidad de los mensajes transmitidos.

Dominio del tema: una sólida experiencia profesional y conocimientos actualizados son esenciales para enriquecer los debates.

Evolución del formato: a medida que los debates evolucionan, la formación en comunicación podría volverse un recurso valioso para destacar.

15

Cinco recomendaciones para mejorar las tertulias

Aquí tienes un resumen de cinco de las principales recomendaciones para mejorar las tertulias:

Especialización de temas: las tertulias deben centrarse en temas más especializados, con preguntas concretas que aborden los aspectos relevantes del debate. Esto implica que los moderadores deben preparar las intervenciones de manera que cada tertuliano pueda aportar su conocimiento específico, facilitando un diálogo más enriquecedor y menos generalista. Además, permitir interrupciones controladas y evitar la rigidez en las intervenciones fomentará una conversación más fluida y dinámica.

Diversidad geográfica y de perspectivas: es crucial abrir el abanico de participantes, incluyendo voces de fuera de Madrid y de diferentes contextos sociales y culturales. La inclusión de analistas y tertulianos con experiencias diversas puede aportar una visión más rica y variada, reflejando mejor las realidades que afectan a la ciudadanía. Esto no solo enriquecerá el contenido, sino que también atraerá a un público más amplio que se sienta identificado con las diferentes realidades presentadas.

Control del tiempo y el tono: limitar los tiempos de intervención de cada tertuliano es esencial para evitar monólogos y permitir que todos los participantes tengan la oportunidad de expresar sus ideas. Además, es importante que el moderador mantenga un tono respetuoso y controlado, evitando gritos y discusiones acaloradas. Un ambiente de cordialidad y respeto facilitará un intercambio más productivo de ideas y argumentos, mejorando la experiencia tanto para los tertulianos como para los espectadores.

Incorporación de información actualizada: las tertulias deben dar la sensación de que están en sintonía con las noticias del momento. Esto puede lograrse a través de conexiones exteriores con corresponsales o reporteros, así como mediante la inclusión de más información internacional bien explicada. Abordar temas de actualidad y ofrecer análisis profundos, en lugar de solo opiniones, enriquecerá el contenido y ofrecerá al espectador una comprensión más amplia de los eventos que están ocurriendo.

Participación del público y expertos: la interacción con la audiencia a través de redes sociales y llamadas puede ser muy valiosa, siempre que se integre en el debate y no se limite a una sección final. Además, invitar a expertos sobre temas específicos puede proporcionar un enfoque más profundo y riguroso, elevando el nivel de discusión. La diversidad de voces, incluyendo la de la audiencia, hará que las tertulias sean más inclusivas y representativas de la sociedad en su conjunto.

16

Y CINCO COSAS QUE NUNCA SE DEBEN HACER Y QUE DE-
BEMOS EVITAR

Preguntas generales y sin enfoque. A menudo, los con-
ductores lanzan preguntas amplias como «¿qué os parece?» que
pueden desviar la atención del debate. Es fundamental que el
moderador centre la conversación, eligiendo temas específicos
que fomenten un análisis profundo. Así, se evita que la tertulia
se convierta en un mar de opiniones dispersas, logrando que los
contertulios se enfoquen en argumentos concretos y relevantes.

Evitar la pedantería. La presunción de conocimiento,
como frases como «yo conozco bien a...», no suma al debate. Es
esencial que los tertulianos aporten información valiosa, ideas
originales y datos que enriquezcan la conversación, en lugar de
simplemente citar sus conexiones personales con los temas. Un
enfoque más informativo y menos egocéntrico hará que el debate
sea más interesante y provechoso para la audiencia.

Cuidado con el lenguaje. La vulgarización del vocabu-
lario y el uso de un lenguaje coloquial o vulgar pueden restar
seriedad al debate. Es importante mantener un nivel de respeto
y profesionalismo, evitando tacos y expresiones que puedan
ofender o desvirtuar la naturaleza del análisis. Un lenguaje
cuidadoso no solo contribuye a un ambiente más civilizado,

sino que también facilita una comunicación más clara y efectiva entre los participantes.

Tratar temas delicados con respeto. Hay cuestiones, como crímenes atroces, que requieren un tratamiento sensible. Los tertulianos deben aportar datos e información relevante, como estudios psicológicos o antecedentes judiciales, en lugar de especular o emitir juicios apresurados. Un enfoque informativo y empático es crucial en estos casos, ya que permite un debate más constructivo y respetuoso.

Huir de los extremos. No debemos olvidar que los debates no son partidos de fútbol. La falta de moderación puede llevar a gritos y confrontaciones, restando seriedad al diálogo. Por lo tanto, es vital establecer normas claras de respeto, evitando interrupciones y descalificaciones personales. Esto no solo mantiene la calidad del debate, sino que también garantiza que cada voz sea escuchada y considerada en igualdad de condiciones.

17

¿Utilizas X y otras redes sociales para promocionar tu presencia en las tertulias?

La promoción de la participación en tertulias a través de redes sociales como X y Facebook varía entre los contertulios. Algunos la utilizan activamente, informando a sus seguidores sobre los temas a debatir y los contertulios presentes, mientras que otros consideran que esa responsabilidad recae en la emisora o en el «contratista» que organiza el programa. Muchos se muestran reacios a promocionarse a sí mismos, priorizando la difusión de los contenidos del programa o del debate en sí sobre el culto a la personalidad.

Aquellos que participan en las redes sociales suelen anunciar su presencia poco antes de la tertulia y responden a los comentarios de sus seguidores después del programa. La forma en que se realiza esta promoción es variada: algunos informan sobre la cadena, la hora y los temas, mientras que otros optan por compartir contenido relacionado, como artículos y análisis de video, o simplemente retuitean información relevante.

A pesar de su escasa participación, algunos contertulios se sienten agradecidos por cualquier apoyo que reciban de la emisora para aumentar la audiencia. Otros, en cambio, eligen no involucrarse en las redes sociales, argumentando que les quita demasiado tiempo o que prefieren que el programa se encargue de esta tarea. Este posicionamiento refleja un deseo de mantener la integridad del debate sin caer en el autobombo.

En resumen, la actitud hacia la promoción en redes sociales entre los contertulios es diversa. Mientras algunos ven el valor de utilizar estas plataformas para aumentar la audiencia y conectar con su público, otros prefieren distanciarse de la autopromoción y dejar la responsabilidad de la difusión en manos de la emisora o del programa en el que participan.

Esther Romero y Juanma Romero

·